JN227639

理系のための英語ライティング上達法

情報を正しく効果的に伝える技術

倉島保美　著

ブルーバックス

カバー装幀／芦澤泰偉事務所
カバーイラスト／橋本 聡
目次デザイン／WORKS（若菜 啓）

はじめに

本書の目的は、英語力の強化なしに、情報を効果的に英語で伝達する力（＝コミュニケーション技術）を、短時間で大幅に向上させることです。

「そんなことできるはずはない。英語はコツコツ努力しなければ向上しないんだ」と思う方も多いでしょう。確かに、英語力はコツコツ努力しなければ向上しません。TOEICのスコアが、一夜にして100点向上することはありえません。

しかし、英語でのコミュニケーション技術は、一夜にして向上させられるのです。そのためには、英語ではなく英語でのコミュニケーションを勉強しなければなりません。つまり、文章構成、文やパラグラフ間のつながり、適切な口調など、どうすれば情報を効果的に伝達できるかを勉強しなければならないのです。

日本人の多くは、英語は懸命に勉強するのに、コミュニケーション技術はまったく勉強しません。その結果、文法上の誤りのために意味の通じない文を書く人はほとんどいませんが、構成上の問題で伝えるべきことを伝えられない文章を書く人はたくさんいます。また、礼儀に欠ける文章を書く人もたくさんいます。

本書は、この（英語での）コミュニケーション技術を中心に説明しています。

本書は、理系のビジネスパーソンや理工系の学生、特に「英語は得意でないが、今すぐ、英語の文章を書かねばならない」という人のために書かれています。具体的には次のような人です。

- TOEICが400〜500点(平均的な理系の大学卒業レベル)
- 今まさに、英語を書かねばならないので、コツコツ勉強して英語力が向上するのを待っていられない

研究職や技術職といった理系のビジネスパーソンは、事務職や営業職以上に「伝えたい情報を正しく効果的に伝える」ためのコミュニケーション技術がより一層求められます。なぜなら、理系のビジネスパーソンの仕事は、事務職や営業職に比べてルーチンワークの比重が少なく、論文執筆や技術提案、商品の技術的説明など、毎回違ったテーマを扱うのが一般的だからです。

また、マニュアルや技術的な解説などは、誰が読んでも正確に、容易に理解できるものでなければなりません。わかりにくい表現や構成は、事故やトラブルにつながりかねないのです。

本書は理系のビジネスパーソンや理工系の学生をターゲットにおいていますが、書かれている内容は、事務職や営業職、文科系の大学生にも役立つはずです。そもそも、英語のライティングには文系も理系もありません。ビジネスや学業の場で必要となるライティング能力とは、理系も文系も、正しく効果的に情報を伝えるコミュニケーション技

術なのです。

コミュニケーション技術は、経験ではなく理論に基づいていますので、誰でも容易に理解でき習得できます。けっして、特別難しいものでも、ネイティブしか知りえない単語や言い回しでもありません。

本書は、(英語での) コミュニケーション技術を説明するものなので、文法や言い回しの説明はほとんどありません。また、よい例としてあげた英文も、平均的な日本人の英語力で書けるよう、可能な限り簡単な表現を使っています。些細な文法上のミスは故意にそのまま残している場合もあります。

本書は、3部から構成されています。

第1部では、現状の英語力向上にばかり目を向けた英語学習方法の問題点を指摘しています。そのうえで、英語でコミュニケーションするには、どんなことを学ばなければならないかを説明しています。

第2部では、具体的にどのような書き方をすれば、効果的にコミュニケーションできるかを説明しています。

第3部では、さまざまな具体的な状況を想定して、効果的にコミュニケーションできる文章例を示し、なぜ効果的かを解説しています。

本書によって、読者が、伝えたい情報を正しく効果的に伝えられるようになることを願ってやみません。さらに、文法や言い回しをやみくもに覚えるような、英語力向上ばかりに目がいっている現状が、コミュニケーション技術の向上へと少しでも変化すれば、これ以上の幸せはありません。

謝辞

本書で解説しているコミュニケーション技術の基礎は、テクニカル・コミュニケーションの権威である篠田義明・早稲田大学教授のご指導に基づいています。また、英語力の向上よりコミュニケーション技術の向上が大事であるという本書の基本理念も、篠田教授のご指導によるものです。

東京外国語センターの水野仁志氏とNECユニバーシティにお勤めだった磯道和昭氏のはからいで、自分の指導の有効性を、ビジネスの現場で確認できました。

本書出版にあたり、講談社ブルーバックス編集部の篠木和久氏と高月順一氏には、多くの知見に富んだご意見やアドバイスをいただきました。あらためてお礼を申し上げます。

最後に、育児に忙殺されながらも、本書執筆のために協力してくれた妻の明子に感謝。

2000年11月　倉島保美

目次

補足資料：TEPテスト　241

コラム

contents

第1部

なぜ伝わらない なぜ書けない

現在、常識的に行われているライティングの学習方法は、効果的とはいえません。英語でコミュニケーションする力をつけるには、英語力ではなく、コミュニケーション力をつけなければなりません。

- 英語学習常識のウソ
  「ネイティブの指導が効果的」のウソ
  「ライティング＝和文英訳」のウソ
  「そのまま使える例文集」のウソ
- 本当の問題点はここにあり
  - ・文章構成法を知らないので伝わらない、書けない
  - ・文がつながらないのでわかりにくい
  - ・丁寧な表現を知らないので印象を悪くする
- こうすれば伝わる、書ける
  - ・文法の呪縛から逃れる
  - ・コミュニケーション技術で、簡単な英文も立派な文章になる
  - ・読み手の予測にあわせるとわかりやすくなる

1 英語学習常識のウソ

この章のポイント

文法中心のネイティブチェックは、コミュニケーションの効率化にはほとんど影響しません。また、和文英訳はライティングの基礎ですが、それだけで英文が書けるようになるわけではありません。さらに、例文集は、千差万別の現場では、有効ではありません。

1.1「ネイティブの指導が効果的」のウソ

日本人は文法が得意なので、英文が多少ぎこちなくなっても、文法ミスでコミュニケーションに支障がでることはほとんどありません。和文英訳をネイティブにチェックしてもらっても、ぎこちない英文が少しこなれた英文になるだけで、コミュニケーションの効率化にはほとんど影響しないのです。

● ネイティブチェックは文法や言い回し中心

英文ライティングでは、よくネイティブによる指導を受けます。ライティング講座でネイティブのインストラクターから問題点を指摘してもらったり、論文をネイティブチェックに出したりすることもあるでしょう。

しかし、ネイティブのチェックは文法や言い回しだけに限定されます。なぜなら、日本で英語の指導にあたっているネイティブのほとんどは、ライティングを勉強したことがないからです。単にネイティブであるというだけで、ライティングの指導をしている場合が圧倒的です。これでは正しい英語になおすことはできても、効果的なコミュニケーションができる英語にはなおせません。

● 意味さえ変わらないなら、文法ミスは問題ではない

しかし、意味さえ変わらないなら、文法的にミスがあろうが、言い回しが少し変であろうが、実用上なんら問題はありません。読み手は英語のインストラクターではないのですから、みなさんの冠詞の使い方や前置詞の選択に文句をつけることはないのです。コミュニケーションに弊害がなければ、文法ミスや多少の言い回しのぎこちなさを気にすることはありません。

このことは、外国人が日本語でコミュニケーションをとろうとしている状況を考えれば理解できます。誰も彼らの日本語の「てにをは」の使い方に文句を言ったりしません。主語に合わない動詞を使っても気にしないでしょう。気にするのは、彼らがどんな情報を伝えようとしているかのはずです。

● 文法が原因で意味が伝わらないことはほとんどない

日本人の書く英文で、文法上の問題のために意味が伝わらないことは、ほとんどありません。これは、日本の大学入試での英語が文法中心であることによるようです。

たとえば、「ノートパソコンを営業部門の効率化のために導入したいと思っています」という文を英訳してもらうと、以下のような英文が寄せられます。

(1)We would like to introduce notebook computer for efficiency of business section.
(2)We would like to introduce notebook computers in sales division to work much more efficiently.
(3)We have a plan to introduce notebook computers due to promote the efficiency of a sales division.

いずれの文も、おかしな言い回し*1や、冠詞のミス*2が見受けられますが、ある文章の中での1文と考えたとき、この文を誤解する人はまずいないでしょう。意味さえ変わらないなら、実用上、文法ミスは気にするような問題ではありません。

● 文法や言い回し中心のチェックは効果がない

先の例で言えば、ネイティブは、次のように修正してくるかもしれません。

We are planning to introduce notebook computers to our sales department to make their work more efficient.

---

*1 たとえば、(3)のdue toの使い方
*2 たとえば、(2)において、sales divisionの前には冠詞またはourが必要

確かに、英文としてはこなれた表現にはなりますが、だからなんなのでしょう？　この修正が、コミュニケーションの効率化に、いったいどれほど貢献するでしょうか？

このような修正は、コミュニケーションという点から見ると、ほとんど無意味です。英文を書く目的は、文法テストで高得点を得るためではなく、コミュニケーションにあることを忘れてはなりません。

● 内容がわからない人のチェックは信用できない

さらに悪いことには、理系のビジネスパーソンや理工系の学生の書く英文の内容を、ほとんどのネイティブは理解できません。言い回しのみのチェックとはいえ、内容が理解できなければ、そのチェックすら当てにできません。

このことは、日本語での状況で考えれば容易にわかります。日本語の科学論文の表現を、その内容のさっぱりわからない人にチェックしてもらおうとは思わないはずです。

● 文法や言い回しの完成度を高めるには時間がかかる

文法ミスをゼロ近くまで減らし、よりこなれた言い回しを使えるようになるには、ネイティブかそれに準ずる人に、書き上げた英文の文法ミスや不自然な言い回しを指摘してもらうのが効果的でしょう。あるいは、ネイティブの英文を膨大に読んで、正しい文法やこなれた言い回しを、無意識の中にすりこむのも効果的です。

しかし、前述したようにこのような努力はコミュニケーション上の効果が低いばかりか、膨大な時間を要します。効果が多少なりとも目に見えるまでに最低でも数十時間、明らかに文法ミスが減り、こなれた表現が使えるようになるまでに、数百時間が必要です。日本にいながら、しかも仕事や研究の合間に、それだけの時間を割くのはほとんど絶望的と言っても過言ではありません。

●今すぐ書けるようになりたいのが現状

さらに、ライティングの勉強の必要性を感じている理系のビジネスパーソンや理工系の学生は、そんなに悠長に英語力の向上を待っていられません。今まさに、英語論文を書いたり、英語の電子メールやドキュメントを作成したりしようとしているのです。今すぐ目に見える成果を望んでいるのです。文法や言い回しを勉強しても、その要求に応えることはできません。

ネイティブチェックの限界

コミュニケーション技術を知らなければ、ネイティブにチェックさせてもほとんど意味がないこともあります。文法的に正しいというだけの英文を社外に出すと、顧客やパートナーに迷惑がかかります。

私は、ある製品を紹介するCD-ROMの利用方法の説明書をチェックするよう頼まれたことがあります。その英文は、ネイティブチェックされていたので、文法上の誤りを見つけることはできませんでした。しかし、文章の質としては、とても社外に出せる代物ではありませんでした。

たとえば、次のような問題点があったのです。

・セットアップの前に確認すべき動作環境についての説明が、セットアップの説明の後にある
・専門家しか知らないような内容が書かれている
・手順がstep by stepになっていない
・注意のしかたが不適切で、誤解を招く
・用語が一貫して使われていないので、混乱を招く

この説明書を頼りにCD-ROMを使おうとした顧客の多くはとまどったことでしょう。このメーカーに対する好感度も下がったかもしれません。

チェックを依頼されたネイティブは、コミュニケーション技術を習得しているわけではありません。彼らが、上記のような項目をチェックすることはありません。依頼する側が、コミュニケーション技術を使って、チェックするしかないのです。これができなければ、顧客に迷惑がかかり、会社の信用が失われるのです。

1.2「ライティング＝和文英訳」のウソ

和文英訳は英文を作成する手順の一部にすぎません。和文英訳だけを向上させても、実際の英文作成の現場で効果的な英文が書けるようにはなりません。

● 和文英訳は基本の基本にすぎない

ライティングの講座の多くは、与えられた日本語を英文に直す練習を中心にしています。受講生に和文英訳された英文を、講師がチェックして、問題点を指摘するというトレーニングです。

和文英訳は英文ライティングの基本ですが、それだけで文章を書けるようにはなりません。和文英訳中心のトレーニングは、翻訳者を育てるには有効かもしれません。しかし、何を書くかから考えなければならない一般の人たちにとって、和文英訳は英文ライティングの一面でしかないのです。

● 英文作成の 5 つの手順

和文英訳は英文を作成する手順の一部にすぎません。つまり、多くの人にとっては、次のような手順の一部でしかないのです。

1. 読み手を特定する
2. 伝達すべき情報を特定し、整理する
3. その情報を最も効果的に伝達するための文章構成を考える

4. その構成に基づいて日本語の文章を考える
5. その日本文を英文に直す

この5番目の手順が和文英訳です。つまり、和文英訳は英文作成の中の5分の1の手順にすぎないのです。

この5分の1ばかり訓練しても、正しくコミュニケーションができる文章は書けません。残りの5分の4の手順がうまくできなければ、効果的な英文は書けないのです。

● 和文英訳のレベルは十分

先に述べたように、日本人の和文英訳力は比較的高いので、用意された日本文を英語に訳すのであれば、コミュニケーション上の問題はほとんど生じません。たとえば、以下のような日本文を英訳させると、ほとんど問題ない英文を作れます。

問題：以下の日本文を英訳しなさい

5月10日にサンフランシスコに出張する予定です。そこで、突然ではありますが、5月11日の午後2時に御社にて、ClearViewの信頼性について打ち合わせさせていただけないでしょうか。私は、5月9日（アメリカ時間）に日本をたちますので、その日の夕刻までにご都合をお知らせください。また、必要があれば、5月10日の夜に、サンフランシスコのXYZホテル（408-867-XXXX）までご連絡ください。（注：ClearViewは商品名）

● 和文英訳だけでは現場の英文は書けない

しかし、同じような内容でも、以下のような問題にすると、満足な解答が得られません。

問題：あなたは、5月10日にアメリカのサンフランシスコに出張する予定である。そこで、5月11日の午後2時に、新製品ClearViewを共同開発をしているABC社を訪れ、Smith氏（すでに面識あり）と製品の信頼性について会議を持ちたいと思っている。Smith氏に会議を申し入れるFAXのSubjectと本文を作成せよ。ただし、今日は5月8日の朝とする。（解答例は次頁）

このようなシナリオベースの問題では、先に述べた英文作成の5つの手順すべてを検討しなければなりません。和文英訳以外のコミュニケーション技術が問われることになります。この問題例で特に配慮が必要なのは、すぐに返事が必要なことを上手に伝える書き方や、相手が返事をしやすいように宿泊先の情報も加えるという情報の選択です。

どちらの問題がより実践的なトレーニングかといえば、当然、後者です。実際の状況では、和文英訳だけで英文を作成することはありません。データだけが手元にあり、そこから英文をおこすのです。日本文をスタートにするのではなく、データをスタートにして英文が作成できなければ、英文が書けるとはいえないのです。

ここで紹介した例はまだ簡単なほうです。実際、理系のビジネスパーソンや理工系の学生の書く英文はもっと状況が複雑です。多くのデータから複雑な事象を説明しなければならないこともあります。あるいは、製品の複雑な機能や仕様を説明しなければならないこともあるでしょう。和文英訳の能力だけでは、とてもその複雑な状況を乗り越えることはできません。

【解答例】

Subject: Meeting Appointment on May 11

I will be visiting San Francisco on May 10. I know this is very short notice, but I wonder if I could visit your office at two o'clock on May 11 to discuss the reliability of the ClearView.

Please let me know your convenience by the evening of May 9 (U.S. time), because I will be leaving Japan on the day. You could contact me at the XYZ Hotel (408-867-XXXX) in San Francisco on the night of May 10.

ネイティブでも伝わらない

ネイティブが書いた英文だからといって、わかりやすいというわけではありません。ネイティブであろうと、コミュニケーションを勉強したことがない人の書く文章は、言いたいことが伝わりにくいものです。具体例を紹介しましょう。

私は、アメリカの会社に席を借りて仕事をしていたことがあります。ある日、オフィスに来ると机の上に、URGENT－PLEASE READ THIS! というSubjectの社内文書が配られていました。

Subjectがすべて大文字で、しかもURGENTという表記です。「いったいなんだ。何かしなければいけないのか？」と思って読み始めました。ひととおり読んでわかったのは、近々電話線の工事があるということだけで、どうもよくわかりません。

しかし、なにしろURGENTですから、電話が使えなくなるなどの重要な情報があるのではないかと、もう一度、今度はゆっくり読んでみました。しかし、それでもまだ、よくわかりません。

結局、「工事があるから注意してください」という注意喚起にすぎないと確信がもてるまで、かなりの時間がかかりました。細かな情報に肝心な情報が埋もれてしまったために、わかりにくくなっていたのです。おかげで、ずいぶん時間をロスしました。

ネイティブの書く英文は、文法的にはほぼ完璧です。しかし、だからといってコミュニケーションが効率よくできるわけではないのです。わかりにくい英文に出会ったら、書き手のコミュニケーション能力も疑ったほうがよいでしょう。

1.3 「そのまま使える例文集」のウソ

実際の英文作成の状況は千差万別で、定型的なフォーム以外、ぴったり当てはまる例文を見つけることは困難です。仮に見つけられたとしても、膨大な検索時間がかかります。さらに、同じ意味でも、相手や状況で表現を変えなければならないので、そのままでは使えません。

● あふれかえる例文集

書店の英語参考書のコーナーには、「そのまま使える」のようにうたった例文集がたくさんあります。価格も1000円未満のものから1万円を超えるものまで様々です。最近は、CD-ROMに例文を収録したものもあります。

企業の中には、自分たちの仕事でよく使いそうな表現を、独自で集めた例文集を作成しているところも多くあります。

● 実際の状況は千差万別

しかし、ビジネスでの文章や論文は、パターン化できるほど簡単なものではありません。伝えたい情報は、その時々によっていろいろな形を取ります。状況にあった適切な英文を見つけるのは難しいはずです。特にエンジニアや研究職の仕事では、定型業務が少ないのでなおさらです。

仮に、その場にぴったり当てはまる英文があったとしても、膨大な例文集からその英文を探し出すにはかなりの時間が必要です。これでは、文章作成にいくら時間があっても足りません。

● そのままは使えない

自分が伝えたい内容に当てはまる英文を例文集から見つけられたとしても、それをそのまま使うのは危険です。なぜなら、伝える内容が同じでも、相手との関係やその場の状況に応じて、表現を変えなければならないからです。

これは、日本語でも同じです。同じことを伝えるときでも、相手が重要な顧客や社会的身分の高い人である場合と、相手があきらかに格下の場合では表現が違います。重要な顧客に対して、部下に対するような口調で文章を書けば、ビジネスは失敗するでしょう。また、よい情報を伝えるときと、悪い情報を伝えるときでも、表現は変わります。あるいは、最初の督促と、2度目の督促では表現が変わります。

たとえば、問い合わせに返事をするときの書き出しを例文集で調べると、以下のような表現があります。

Referring to your inquiry of 12 June, we are pleased to inform you as follows:

[6月12日のお問い合わせに関して、次のようにお知らせいたします。]

この表現は、pleasedからもわかるように、よい情報を伝えるための表現です。悪い情報を伝えるときには使えません。この文の後に「在庫切れです」のような情報を展開することはできないのです。しかし、例文集の多くは英文と対訳しか掲載されていないので、読み手にはどんな状況で使用すべきか判断できません。

また、支払いを督促する表現を例文集で調べると、以下のような表現があります。

(1)According to our records, our August statement for $12,300 is still unpaid.

[当社の記録によると、8月分の1万2300ドルがまだ支払われていません。]

(2)According to our records, you have not yet settled the account.

[当社の記録によると、差引勘定がまだ済んでいません。]

親切な例文集では、(1)の表現を1回目の督促に、(2)の表現を2回目の督促に使う旨が書かれています。しかし、なぜ、(1)の表現が(2)の表現よりソフトか[*3]は書かれていません。これでは、機械的に、(1)の表現を1回目の督促に、(2)の表現を2回目の督促に使うしかありません。

[*3] (1)はyouを主語にしないで事実だけを述べているので、非難めいた感じがなくソフトに聞こえます

しかし、実際の状況では、今までの経緯や人間関係などにより、督促の回数によらず(1)と(2)の表現を使い分けなければなりません。なぜ、(1)の表現が(2)の表現よりソフトかがわからなければ、使い分けはできません。

例文集の英語を使うには、その英語が、伝達する内容を正しく反映しているかだけではなく、自分の置かれている状況で使えるかを判断できる能力が必要です。けっして、何も考えずに、そのまま使えるということはありません。

●例文集が役に立つのは定型的なフォームだけ

例文集が役に立つのは、相手との関係も状況も決まっている場合の、決まり切った情報伝達のときです。たとえば、商品の受注確認のような、定型的な通知文であれば、例文集などからほぼ全文を作成できるでしょう。

しかし、理系のビジネスパーソンの場合、このような定型業務は少ないのが実状です。多くの場合は、その人固有の状況における、その人固有の内容です。

また、例文集は、書き出しや結びの表現で役に立ちます。これらは、伝えたい情報がなんであれ、多くの場合、決まった表現を使うからです。

このことは、日本語と同様です。時候の挨拶や結びの言葉を自分で考える人は少ないでしょう。多くの場合、よく使われる表現を決まって使うものです。英語でも同じです。

ネイティブの英語すら批判できる

コミュニケーション技術を知っていれば、ネイティブの英語を批判したり、ネイティブに英語を教えたりすることもできます。

コミュニケーション技術は理論に基づいていますので、おかしな文章は根拠をもって明確に指摘できます。それが、日本人の書いた英語であろうと、ネイティブの書いた英語であろうと関係ありません。

私はかつて、ある米国ソフトウェア会社の営業のアメリカ人に、マニュアルの不備を指摘したことがあります。そのうえで、「これはマニュアルのライターがテクニカル・ライティングを知らないからだ。ライターを替えたほうがよい」と助言したことがあります。これも、コミュニケーション技術の理論に基づいて、マニュアルの不備を具体的に、根拠をもって指摘できるからです。

コミュニケーション技術を知らなければ、「マニュアルがわかりにくい」と指摘できるだけです。しかし、コミュニケーション技術を知っていれば、なぜわかりにくいかもわかりますし、ライターがコミュニケーション技術に疎いこともすぐわかります。

また、あるとき、ネイティブの英会話教師に2つの表現のどちらがより自然か、それはなぜかを尋ねたことがあります。ネイティブですからどちらがより自然かはすぐに答えられますが、その理由は答えられませんでした。私が、どちらが自然かを理論的に説明すると、彼は「なるほど」と納得していました。

このように、コミュニケーション技術を知っていれば、ネイティブと対等以上にコミュニケーションができるのです。

2 本当の問題点はここにあり

この章のポイント

本当の問題は、文章構成法を知らないために、情報を効果的に伝達できないことです。あるいは、文と文がつながらないために、効果的なコミュニケーションができないことです。さらに、丁寧な表現を知らないために印象を悪くしていることもあります。

2.1 文章構成法を知らないので伝わらない、書けない

最大の問題は、どう文章を構成したらよいか知らないことです。そのために、情報の伝達力が落ち、コミュニケーションに失敗するのです。また、読み手に幼稚な印象を与えるばかりでなく、書くのにも時間がかかってしまいます。

● 文章構成法を知らないと伝達力が落ちる

効果的な構成で文章を書かないと、伝えたい情報が正しく読み手に伝わりません。その結果、自社の商品を正しくアピールできなかったり、自分の論文を正しく評価してもらえなかったりということになります。

しかし、多くの日本人は、文章構成法を学んだことがないので、どう情報を組み立ててよいかわかりません。そのため、生データをそのまま読み手に示してしまうことも多くあります。これでは、読み手が書き手とは異なる解釈を

してしまったり、もっとも伝えたい情報を無視してしまったりします。

その結果、「何が言いたいかわからない」「重要な情報が伝わらない」「期待するアクションを相手が起こしてくれない」という事態におちいります。

理系のビジネスパーソンや理工系の学生の書く英文では、多くのデータが使われます。データから効果的な英文を作成する方法を知らなければ、ビジネスや学業の成功はありえません。

●伝達力が落ちる例

たとえば、次のような問題を考えてみましょう。

問題

最近開発したPERSEUSというノートパソコンに対し、ある顧客が、営業部門にノートパソコンを導入すべく、ライバル会社の競合製品SCORPIONとの差をE-mailで問い合わせてきました。そこで、下記の表から必要な情報を選択し、問い合わせに回答するE-mailの本文を作成しなさい。

	価格	重量	動作速度	大きさ	厚さ
PERSEUS	$3,200	1.5kg	500MHz	A4	1.2cm
SCORPION	$3,000	2.0kg	600MHz	A4	1.5cm

	画面サイズ	メモリ	電池寿命	ハード ディスク
PERSEUS	14″	64Mb	4H	10Gb
SCORPION	12″	64Mb	3H	12Gb

このような問題に対して、多くの人が次のような解答をします。

Thank you for your inquiry of April 4, 2000 regarding PERSEUS. The information you requested is as follows:

	PERSEUS	SCORPION
Price	$3,200	$3,000
Weight	1.5kg	2.0kg
Operating Speed	500MHz	600MHz
Size	210mm ×297mm	210mm ×297mm
Thickness	12mm	15mm
Screen Size	14″	12″
Memory	64Mb	64Mb
Battery Life	4H	3H
Hard Disk	10Gb	12Gb

[2000年4月4日付のペルセウスに関するお問い合わせありがとうございました。ご要求のありました情報を以下に示します。(表の訳は省略)]

英文は、ほぼ完璧ですし、誤解の余地はありません。しかし、この英文ではコミュニケーション上、問題があります。

このように、生データだけ示したのでは、そのデータをどう読むかを読み手にまかせてしまうことになります。これでは、書き手が伝えたいようには情報が伝わりません。書き手側は、「小型軽量で営業部門には最適」と思っていても、読み手側は、「値段が高くて、しかも速度も遅い」と思ってしまうかもしれないのです。

ここでは、「PERSEUSはSCORPIONより小型軽量である」ことと、「小型軽量であることは、営業部門がパソコンを選択する際、もっとも重視すべき点である」ことを読み手に伝えなければなりません。そのような文章構成が必要になるのです。

● 文章構成法を知らないとひとつの文しか書けない

先のような英文を書いてしまう最大の理由は、文章構成法を知らないことです。そのため、文章を構成することを避け、生データを提示してしまうのです。

さらに、文章構成法を知らないと、データから文章を起こそうとしても文章になりません。ひとつの文は思いついても、文と文をうまくつないで情報を展開できないのです。先の例で言えば、PERSEUS is lighter than SCORPION by 0.5kg. とだけ書いて、文章になりません。表の内容を、ただひとつの文に直すことしかできないのです。文と文のつながらないひとつの文の羅列では、幼稚な印象を与える文章となってしまいます。

これでは、ライバル会社がしっかりした文章で、その長所をアピールしてきたら、セールスの成功は望めません。(この問題はこの後何度も検討します。最終的な解答例は「第3部 こういう英文なら誰でも書ける」の「1 製品紹介」：139〜140頁に示します）

● 文章構成法を知らないと書くのに時間がかかる

さらに、文章を書くのにも時間がかかります。何をどう書けばよいかを知らないのですから、試行錯誤をしているうちに時間ばかりたってしまいます。A4用紙1枚の英文に半日かかってしまったなどということもよくあることです。

伝わらないプレゼンテーション

英語のプレゼンテーションも、コミュニケーション技術を身につけていれば、恐れるに足りません。逆に、コミュニケーション技術がなければ、堂々とした口調で、しっかりしたアイコンタクト（聴衆と目を合わせること）で話しても、聞き手にポイントが伝わりません。これでは、ビジネスの成功はありえません。

一般に、アメリカ人は日本人に比べてプレゼンテーションが上手です。自信ありげな態度、ユーモアを交えた話、姿勢やアイコンタクトなど、かなりのトレーニングを積んでいるのでしょう。

しかし、彼らのプレゼンテーションでも、何を伝えたいのかわからないことがあります。彼らが何を問題と考え、彼らの商品がどうしてその問題を解決するのかわからないのです。何について説明しているのかさえ、わからなくなるときもあります。

その原因は、コミュニケーション技術の不足にあります。態度や話し方、凝ったスライドは、人を引きつけることはできても、理解の手助けにはなりません。理解させるには、最初に全体像を話すとか、パートごとに要約するなど、この本に書かれている内容をプレゼンテーション用に拡張する必要があります。

コミュニケーション技術を身につけていないために伝わらないプレゼンテーションはめずらしくありません。あるときなどは、2時間のプレゼンテーションの後、Q&Aに2時間費やしてやっと全体が理解できたことがありました。

コミュニケーション技術を身につけているといないとでは、ビジネスの生産性がかなり違ってきます。

2.2 文がつながらないのでわかりにくい

文単位では正しい英文でも、文と文がつながらなければ、情報を正しく伝達できません。また、文と文の統一性がなければ、もっとも伝えたいことを強調できません。その結果、コミュニケーションに失敗するのです。

● 文と文がつながらなければ理解できない

各文が正しく書けていても、文と文のつながりがわからなければ、情報は正しく伝わりません。また、非論理的ととられかねません。情報は、ひとつの文ではなく、複数の文が相互に関係しあって伝達されるのです。

理系のビジネスパーソンや理工系の学生の書く英文では、論理性がとても重要です。文と文のつながりがわからない非論理的文章では、正しい評価を受けられないのです。

たとえば、次のようなパラグラフ[*4]を検討してみましょう。(文中の番号は説明の都合上、付加したものです)

(1)Until now, such basic data could not be used unless one returned to the office, so that to present a single plan it was necessary to visit the customer a number of times. (2)Consequently, the company looked at developing a more effective

---

*4 『富士通ジャーナル』VOL.23 NO.2, 1997 を改変

sales tool. (3)In January 1999, we loaned about 5,000 note computers installed with Windows98 to the sales people. (4)We also set up a PC server that could be activated using Windows2000 in all of the company's branches, and formed a C/S system. (5)The note computers could access branches using a mobile telephone while on the road.

[(1)これまで、このようなデータは、事務所に戻ってはじめて使用できたので、たったひとつのプランを提案するにも何度も顧客のもとに通わなければなりませんでした。(2)したがって、会社はもっと効率的なセールスツールを開発しようと考えていました。(3)1999年１月にウィンドウズ98がインストールされたノートコンピュータ5000台を営業スタッフに貸し出しました。(4)さらに、すべての支社にウィンドウズ2000が使えるPCサーバーを設置し、C/Sシステムを構築しました。(5)ノートコンピュータを使えば、出先から携帯電話を使って、支店にアクセスできるようになったのです。]

(2)で「効率的な営業ツールの開発を検討していた」と述べておいて、(3)で「ノートコンピュータを営業スタッフに貸し出した」では、いかにも唐突です。これでは(2)と(3)の関係が理解できません。

さらに、(3)と(4)の「PCサーバーを立ち上げた」こととの関係もわかりません。(5)まで読んで、はじめて、「データをサーバーに保存しておいて、ノートコンピュータで外からアクセスする」のだろうと推測できます。

しかし、パラグラフの最後まで読まなければ、全体を理解できないようでは、読み手はとても理解しにくいと思うでしょう。論理性に欠けると思うかもしれません。

また、(1)で述べた問題が解決することを明確には述べていませんので、読み手の推測にまかせることになります。読み手によっては、(1)で述べた問題に対して、具体的な解決方法が述べられなかったと思うかもしれません。

● 各文で統一性がないと印象が弱くなる

いかに各文が正しく書けていようが、文と文の統一性がなければ、もっとも伝えたいことを強調できません。最悪の場合、重要な情報が、相手には取るに足りない情報と感じられてしまうこともあります。

たとえば、次のようなパラグラフを検討してみましょう。(文中の番号は説明の都合上、付加したものです)

(1)**The system** provides a transmission capacity of 54 channels. (2)**The system** also features an advanced error correction technique that maintains an error rate so low that it is equivalent to optical fiber system. (3)**A new equalization** technique maintains high system gain.

[(1)そのシステムには、54チャンネルの転送能力があります。(2)さらに、最新式のエラー訂正機能を有しているので、光ファイバーシステムと同等程度まで、エラー比率を抑えられます。(3)新しい等価技術によって、高いシステム利得が得られます。]

このパラグラフでは、あるシステムのことが話の中心です。そこで、(1)と(2)の文では、the systemを主語として、システム中心に話をしています。しかし、(3)ではa new equalization techniqueが主語になっています。

これでは、読み手のシステムに対する印象が薄れ、a new equalization techniqueが印象に残ってしまいます。商品の説明などの場合、その効果が半減してしまいます。

大事なのは、どう伝えるかだ

情報を提供するときに、大事なのは英語そのものではなく、情報の構成であることを痛感した出来事を紹介しましょう。

私は、ある業務用ソフトウェアの改善を依頼すべく、開発元である米国の会社と打ち合わせを持ちました。そのとき、改善点を列挙したドキュメントを作成しました。私は、読み手がアメリカ人であることを承知のうえで、そのドキュメントを日本語で書きました。忙しくて、英文で作成する時間がとれなかったのです。

しかし、以下の点には注意を払いました。

- 改善点をソフトウェアの機能ごとに分類
- 改善点を優先度の高い順に列記

改善点を機能ごとに分類したのは、複雑なソフトウェアだったので、機能ごとに開発担当者が異なると判断したからです。改善点を優先度順に並べたのは、もちろん、深刻なものほど優先的に対応してほしかったからです。

先方は日本語をまったく理解しません。会議では、日本語で書かれた資料をもとに、ひとつずつ説明しました。その結果、そのリストが種類別に分類され、しかも深刻な順に並んでいることがわかると、彼らはひどく喜んで This is really good. I like this. と2度、3度と繰り返しました。

今回の資料は日本語であっても、彼らには有効な情報となりえたのです。これが、もし英語で書かれていたとしても、思いついた順にただ羅列されているだけだとしたら、彼らにとって有効な情報にはなりえなかったでしょう。情報の構成こそ重要であると、あらためて認識させられた出来事でした。

2.3 丁寧な表現を知らないので印象を悪くする

どの表現がどのくらい丁寧かを知らなければ、顧客にぶしつけに命令口調で依頼したりしてしまいます。その結果、相手を不快にさせたり、当惑させたりします。また、あまりにストレートに表現してしまうと、悪印象を与えてしまったり、相手を傷つけてしまったりします。

● Pleaseをつければ丁寧、というわけではない

日本の教育機関では、丁寧な表現や婉曲な表現をほとんど教えないので、失礼な英語が飛び交っています。顧客に対して、身内にしか使わないようなきつい表現を使っている例も多く見受けます。また、pleaseさえつければ、丁寧な表現であると誤解している人も少なくありません。

たとえば、毎日のように英語でコミュニケーションしている人でも、次のような表現を平気で使っている人は多いものです。

(1)We would like you to check these points.
(2)Please kindly check it.
(3)Please revise my draft.

しかし、これらの表現は以下の理由により、失礼にあたるか、失礼な表現として受け取られる可能性があります。

(1)would like you toは目下の者に向かって使う表現で

す。顧客には使いません。

(2)kindlyは皮肉に聞こえることがあるので、ビジネスでは使いません。

(3)地位の高い側がルーチンワークを頼むなら使えますが、それ以外の依頼では使えません。

このような表現を平気で使っているようでは、相手に不快な思いをさせてしまったり、自分の書いたものを信用してもらえなかったりします。

いずれも、Could you...? という表現を使えば、たいてい問題ありませんが、そうでない場合もあります。どう修正すべきかは、依頼内容の大変さや依頼先との人間関係などにより異なるのです。詳細は「第2部 英語がすらすら書けるコツ」の「3.1 丁寧度を知ればあらゆる状況に対応できる」：117頁を参照してください。

理系のビジネスパーソンといえども、その英文は論文やレポートばかりではないでしょう。相手が海外の顧客にしろ、パートナーにしろ、丁寧に書くことは避けて通れません。

●いつも丁寧に述べればよいわけではない

では、いつも丁寧に述べていればよいかというと、そうでもありません。読み手や状況に応じて丁寧度は変えなければなりません。よく知っている仲であれば、丁寧度は下がります。また、クレームや督促では、ややきつい表現になります。一方、面識もない人に、何か依頼するのであれば、かなり丁寧な口調になるでしょう。

なんでもかんでも丁寧にお願いしていたのでは、効果的なコミュニケーションはできません。たとえば、机を並べて働いている同僚に、「もしよろしければ、消しゴムを貸していただけないでしょうか？」などとお願いすれば、相手は気味悪く思うでしょう。

また、いくら催促しても支払いをしない顧客に、「もし、この期日までに支払っていただけるようだと、大変幸せに存じます」などと書けば、相手は「まだ払わなくても大丈夫そうだ」と思ってしまうかもしれません。

●ストレートな表現は相手を傷つける

欧米人に対する誤解から、とてもストレートに表現して、相手を傷つけていることもあります。

よく、「欧米人はyes/noをはっきり言う」とか、「単刀直入に要件に入る」などと言われます。これは、ある場合においては正しいのですが、いつも正しいというわけではありません。

いくら欧米人でも、否定的な情報を発信しなければならないときに、「単刀直入にyes/noをはっきり言う」ことはありません。そんなことをすれば、日本人と同様に、欧米人でも、そのメッセージを受け取った人は不快な思いをします。

たとえば、求職情報を見て申し込んできた人に、次のような断り方をすれば、相手は傷つくでしょう。

Your application has been rejected, because you are not experienced enough for this post.

[貴殿は不採用となりました。なぜなら、貴殿はこのポストには経験不足だからです。]

このように、発信する情報によっては、日本語以上にオブラートで包むような婉曲表現が求められます。これができなければ、読み手に不快な思いをさせてしまうのです。

どうすれば相手を傷つけずに否定的な情報を伝達できるかは、「第2部 英語がすらすら書けるコツ」の「3.3　表現を工夫すれば印象が変わる」：129頁で詳しく解説します。

テクニカル・ライティングとは

テクニカル・ライティングとは、狭義では、「科学技術情報を正確かつ効果的に伝達するための文書作成技法」と定義づけられます。したがって、応用分野としては、科学技術関係の論文・レポート、あるいはマニュアルなどになります。

しかし、テクニカル・ライティングはもっと広義に解釈されるようになってきました。つまり、「正確かつ効果的に伝達するための文書作成技法」というような解釈です。応用分野は科学技術に限らず、実務の文章全般です。具体的には、論文、レポート、ビジネスレター、マニュアル、特許申請、提案書などです。

テクニカル・ライティングとは以下のステップをすべて含む文書作成技法です。

1.読み手の特定

2.読み手が必要としている情報の特定と整理

3.その情報を最も効果的に伝達するための文章構成の決定

4.効果的に伝達するための文章作成（英文なら和文英訳を含む）

つまり、生のデータから効果的な文章を作成するのに必要な技法と言えます。まさに、実務における文章作成に必須の技術です。

よく誤解されるのですが、技術翻訳はテクニカル・ライティングではありません。翻訳は、すでにあるオリジナルの文章を、別の言語に置き換える変換作業です。つまり、上記のステップの4番目の一部に関係しているだけです。翻訳者が読み手や情報を特定したり、文章構成を変更したりすることはありません。しかし、テクニカル・ライティングを知っていると、この置き換え作業の質を向上できます。

3 こうすれば伝わる、書ける

この章のポイント

効果的な文章を書くためには、まず文法至上主義の考えを改めなければなりません。そのうえで、コミュニケーション技術を習得しなければなりません。それには、メンタルモデルという考え方を理解しておくと有益です。

3.1 文法の呪縛から逃れる

よい文章とは、伝えたいことが正しく伝わる文章です。正しく伝わるのであれば、文法にミスがあろうが、言い回しがぎこちなかろうが大した問題ではありません。

● 間違えても気にしなくてよい文法

読み手に誤解を生じさせることがないのであれば、文法ミスをそれほど気にする必要はありません。たとえば、以下の文の文法ミスは、コミュニケーション上の障害にはなりませんから、気にする必要はありません。

誤：We look forward to hear from you soon.
正：We look forward to hearing from you soon.

以下のような冠詞のミス[*5]も、同様に、気にするようなものではありません。

誤：You can email even entire book chapters to another person without cost of long-distance phone call.

正：You can email even entire book chapters to another person without **the** cost of **a** long-distance phone call.

［仮に本1冊丸ごとであっても、長距離電話代もかからず、他の人に電子メールで送れるのである。］

●間違えてはならない文法

一方、読み手に誤解を生じさせる可能性のある文法ミスは、犯さぬよう注意しなければなりません。たとえば、冠詞のミスでも、以下のようなものは誤解を招くので避けなければなりません。

（スロットがひとつしかない状況で）

誤：Insert the memory card in **a** slot.

これでは、複数あるスロットのうち、任意のあるひとつのスロットにメモリカードを挿入するよう指示してしまいます。読み手は、スロットは複数あるものだと思いますので、とまどってしまいます。

*5　1回のlong-distance phone callの料金はひとつしかないので、costの前には定冠詞が必要。long-distance phone callは、数えられる名詞で特定できないので、前に不定冠詞が必要

正：Insert the memory card in **the** slot.

● 専門試験にみる文法の位置づけ

ライティングの能力を正しく評価することで定評のあるTEP Testでは、文章の質を評価するにあたり、文法の比重を全体の10%にもおいていません。ネイティブのコミュニケーションの専門家から見ても、文法はコミュニケーションにおいて、それほど重要な位置を占めないのです。

TEP Testは、科学・工業に関する英語のコミュニケーション技術を、正しく評価するための試験です。ミシガン大学と早稲田大学が問題の作成や採点、運営方法などを責任を持って管理するという国際的で権威ある検定試験です。詳細は、日本テクニカルコミュニケーション協会（03-3406-3733）までお問い合わせください。

TEP Testの具体例は、「補足資料：TEP Test」：241頁を参照してください。

TEP Testにおける文章評価基準[*6]

1. ヘディング（To、From、Cc、Dateなどが書かれている部分）は、英語圏の習慣にのっとり、必要な情報が漏れなく記載されているか
2. 第1パラグラフで、目的を適切に述べているか
3. 第2パラグラフで、文章全体の重要な点を要約しているか

4. 各要旨は、目的に応じて適切な順序に配列されているか
5. 各要旨は、適切に選択された情報により適切に説明されているか
6. 各パラグラフでは、適切に選択された情報が、適切な順序に配列されているか
7. 各パラグラフにはtopic sentenseがあり、パラグラフを構成する各文は、適切な主語を使用しているか
8. 各文の文法や表現は適切か
9. 図、表、リストは適切か
10. 文章のレイアウトや見出し、箇条書きは適切か

このように、本当に求められるライティング能力とは、文法力ではありません。コミュニケーション能力なのです。日本の大学受験で染みついた文法至上主義の和文英訳という考え方を捨て去らなければなりません。

特に、理系のビジネスパーソンや理工系の学生は、文法至上主義の傾向が強いので注意が必要です。この傾向は、理工系出身者は唯一絶対の答えを求めがちなためかもしれません。あるいは、単に基礎英語力に自信がないからかもしれません。いずれにしろ、文法を極めるのは、実践上、無駄な努力だということを覚えておいてください。

---

*6 日本テクニカルコミュニケーション協会,『テクニカルコミュニケーション TEP Test《問題・解答例》特集号』, 1995

アメリカのライティング教育

アメリカでは、大学卒業までの間に、多くの学生がなんらかの形でライティングを、最低でも半年にわたって勉強します。コミュニケーション技術に関する理論も、日本よりかなり進んでいます。

私は日本の教育機関で論理的な文章の書き方を学んだことはありません。小学校の頃、作文の指導を受けましたが、それは論理的な文章を書くためのものではありませんでした。大学で論文を書く時も、文章の書き方の指導は受けませんでした。

対照的に、アメリカでは早ければ中学高校で、遅くても大学で、論理的な文章の書き方を学習します。Society of Technical Communicationのホームページ（http://www.stc-va.org/default.htm）によると、2000年9月現在、全米で200以上の大学がライティングを中心としたTechnical Communicationのプログラムを提供しています。また、各大学にはwriting centerが設置され、論文やレポートの書き方について、アドバイスしてくれます。

さらに、アメリカではライティングを中心としたコミュニケーションがひとつの学問として成立しています。Technical Communicationだけで修士号や博士号の取れる大学が数多くあります。ライティングに関する学会や協会も多くあります。したがって、その理論も、日本と比べるとかなり進んでいます。

アメリカの進んだ理論は、かなり遅れてから日本で普及するので、日本では古い書き方をしている場合もあります。たとえば、「科学技術論文では受動態を多用する」という考え方はその典型例です。

3.2 コミュニケーション技術で、簡単な英文も立派な文章になる

文法の基本を習得したら、次にコミュニケーション技術を習得しなければなりません。コミュニケーション技術に基づく文章は、理解しやすく読みやすいなどの特徴を有します。多少の文法ミスがあっても、公の場に出しても恥ずかしくない文章になるのです。

● 文法だけで実務文章や論文は書けない

小学生は、日本語を文法的に正しく書けても、実務の文章や論文は書けません。これは、もちろん内容に対する知識がないことにもよりますが、実務の文章や論文に適した構成や、適切な口調を知らないからでもあります。

英語であっても同じです。文法を習得したからといって、いきなり実務の文章や論文を書くことはできません。文法だけ正しくても、意味のわかりにくい、あるいは誤解されやすい、稚拙な文章になってしまいます。

● 文法の次はコミュニケーション技術

文法的に誤解のない英文が書けるようになってきたら、次に、実務の文章や論文に適した構成や、適切な口調を習得しなければなりません。効果的に情報を伝達するためのコミュニケーション技術を習得して、はじめて実務の文章や論文を書くためのスタートラインに立てるのです。

しっかりしたコミュニケーション技術に基づく文章は、仮に簡単な表現ばかりが使用されていても、立派な文章になります。なぜなら、文章構成や文と文のつながりがしっかりできていれば、伝えたいことを論理的に伝えられるからです。多少の文法ミスがあっても、公の場に出しても恥ずかしくない文章になるのです。このことは、先に引用したTEP Testの評価基準からもおわかりいただけることと思います。

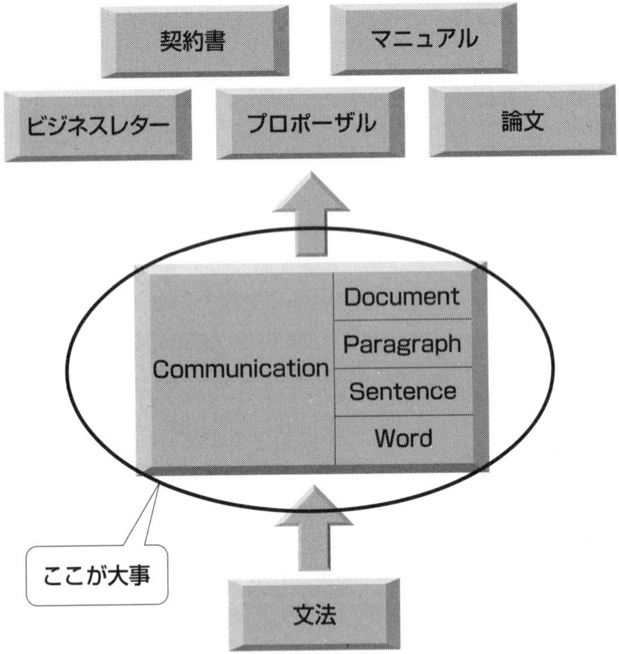

●コミュニケーション技術はやさしい

コミュニケーション技術とは、効果的に情報を伝達する技術です。具体的には、文章構成、文やパラグラフ間のつながり、適切な口調などです。けっして、特別難しいものでも、ネイティブしか知りえない単語や言い回しでもありません。

コミュニケーション技術は、誰にでも容易に理解でき習得できます。なぜなら、コミュニケーション技術は経験ではなく、理論に基づいているからです。経験に基づいている技術であれば、ネイティブでなければ習得できないかもしれません。しかし、理論に基づいているので、ネイティブであろうがノンネイティブであろうが、同じように容易に理解できるものなのです。

コミュニケーション技術は、理論に基づいているので短時間で習得できます。わずかばかりの理論を覚えれば、あとはそれに基づいて文章を書くだけです。一晩で向上すると言っても、けっして大げさではありません。一方、経験に基づく言い回しや文法を習得するには、気の遠くなるような時間が必要です。

短時間といっても、理論を理解するのと実践できるのは別の話なので、本当に効果的な英文が書けるようになるには、多少の時間がかかるかもしれません。しかし、それでもネイティブなみのこなれた英文を書くために、言い回しや文法を完璧に鍛えるのに比べれば、圧倒的な短時間で習得できるはずです。

理論をしっかり理解し、その理論を考慮しながら英文を書くよう気をつけていれば、自然と身につくはずです。コミュニケーション技術が身につけば、コミュニケーション技術を持たないネイティブの英語の批判すらできるようになるのです。

● コミュニケーション技術はグローバルスタンダード

コミュニケーション技術は、効果的に情報を伝達する技術ですから、特に英語に限定されるものではありません。その基本となるところは、英語でも、日本語でも、あるいは他の言語でも同じです。コミュニケーション技術に基づいて書かれた文章は、グローバルスタンダードに準拠した文章と言えます。

日本ではわかりにくい文章でも、読み手が努力してくれます。行間を読みとってくれますし、判断に迷うようなことがあれば、読み手がいちいち確認を求めてくれます。つまり、コミュニケーションの責任の多くを読み手側が負っているのです。欧米に比べて、要領をえないビジネス文書が多いのも、こうした慣習が影響しているのかもしれません。

一方、英語圏では日本ほど読み手が努力してくれません。理解できないということは書き手の責任とみなされます。文章に書いてあるだけではだめで、どのように書いてあるかが問題となるのです。

●コミュニケーション技術は理系には必須

いわゆる「理系」のビジネスや研究活動では、コミュニケーション技術が不可欠です。なぜなら、複雑な内容をわかりやすく説明したり、論理的に主張を組み立てたりする必要性が高いからです。たとえば、論文、技術提案、商品の技術的説明、技術的な内容のやりとりなどです。

さらに、論文、技術提案、商品の技術的説明などは、他社と競争するための文章です。グローバルスタンダードに準拠しない文章では、その競争には勝ち残れないのです。

●コミュニケーション技術はコミュニケーションを効率化する

コミュニケーション技術を習得すれば、次のような英文が書けるようになります。

理解しやすい

複雑な内容でも、一読で理解できる文章が書けます。伝えたい情報を、わかりやすく伝えられます。

読みやすい

必要な情報だけを拾い読みできる文章が書けます。伝えたい情報を、読み手に負担をかけずに、読み手の知りたいレベルに応じて伝えられます。

説得力のある

伝えたい情報を、筋道を立てて、論理的に伝達できる文章が書けます。伝えたい情報を、相手の同意が得られるように伝えられます。

記憶に残る

要点が、読み手の意識に長く留まる文章が書けます。伝えたい情報を、要点が強調されるように伝えられます。

誤解のない

誰が読んでも同じように理解される文章が書けます。伝えたい情報を、意図どおりに確実に伝えられます。

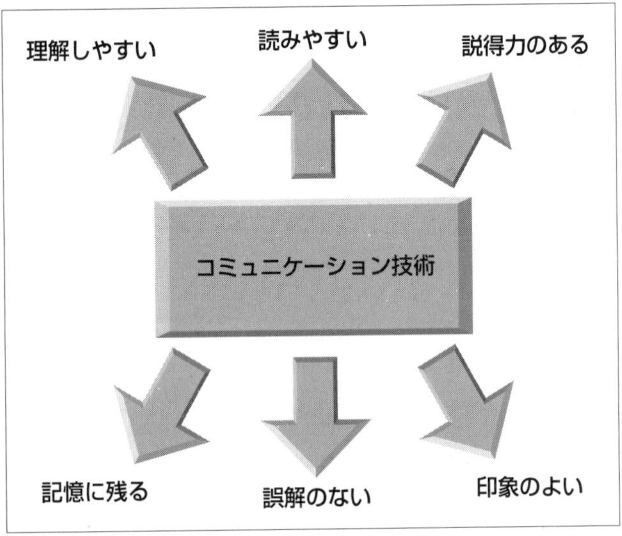

印象のよい

状況に応じた品位のある文章が書けます。伝えたい情報を、信頼されるように、好感を持ってもらえるように伝えられます。

● コミュニケーション技術は単語レベルから文章レベルまで

文法が文レベルのみを対象としているのに対して、コミュニケーション技術は、文章、パラグラフ、文、単語のすべてのレベルを対象としています。

文章やパラグラフレベルでのコミュニケーション技術は、理解しやすい、読みやすい、説得力のある、記憶に残る文章を書くのに役立ちます。

また、文や単語レベルでのコミュニケーション技術は、誤解のない、印象のよい文章を書くのに役立ちます。

具体的なコミュニケーション技術については、「第2部　英語がすらすら書けるコツ」で説明します。

伝わらないのは書き手の責任

文章で意図が伝わらない場合、その責任は基本的に書き手側にあります。つまり、わかりにくく書いたのが悪いのです。コミュニケーションの責任を読み手側に押しつけてはいけません。

日本では文章に書いてあれば、それを理解するのは読み手の責任という風潮があります。たとえば、報告書を無視したことで事故がおこれば、文句なく無視した人間が責められます。マニュアルや仕様書に書いてあることを質問すると、「マニュアルをよく読め」とばかりに、相手が不機嫌になることもあります。また、誤解して読んでしまった場合、読解力が足りないとか、注意深く読まなかったとかで、読み手側が恐縮してしまいます。

一方、欧米では書き手側の責任がもっと大きくなります。文章に書いてあるだけではだめで、どのように書いてあるかが問題となるのです。報告書を無視して事故がおきた場合、報告書の書き方が適切だったかを争うことがよくあります。PL法の訴訟でも、注意表示が適切だったかについてよく争われます。

文章によるコミュニケーションは一方通行です。つまり、読み手には聞き返すすべがありません。したがって、文章によって誤解が生じた場合は、その書き方に問題があると考えるべきです。コミュニケーションの責任は、書き手側にあるのです。「ドキュメントをよく読め」などというセリフは、人間関係を悪くするだけで、なんの解決にもなりません。

英語で文章を書くときは、コミュニケーションの責任は書き手側にあることを意識しましょう。日本では大目に見られた文章が、欧米では許されないこともあるのです。

3.3 読み手の予測にあわせるとわかりやすくなる

わかりやすい文章を書くには、読み手のメンタルモデルに配慮する必要があります。文章の展開を示唆して、読み手にメンタルモデルを作らせ、関連情報を活性化させて、示唆どおりに文章を展開することで、情報を高速に処理させるのです。

● メンタルモデルとは

メンタルモデルとは、人がある情報に関して、独自に作り上げる心の世界です。人はよくわからない情報が入ってくると、心理的に不協和の状態となり、不安になり、なんとかその状態から脱したいと思います。そこで、とりあえずこれはこういうものだと、モデルを作って安心しようとします。これがメンタルモデルです。入力情報と個人の知識に基づく、独自の仮説とも言えます。

メンタルモデルは、入力情報と個人の知識に基づくので、個人によって大きく異なります。たとえば、パソコンという言葉を聞いたときに作られるメンタルモデルは、その人がパソコンをどれだけ知っているかによります。パソコンに疎い人は、テレビにキーボードがくっついた形で、なんでもこなせるものというモデルを作るかもしれません。パソコンに詳しい人は、正確な外観、最新の仕様、最新のプログラムでできることなどのモデルを作るかもしれません。

メンタルモデルは、個人によって大きく異なりますが、基本的な部分は共通です。パソコンの例で言えば、人間がキーボードなどから入力を与えると、出力が主として画面に表示されるというモデルです。

● メンタルモデルは関連情報を活性化する

いったんこのメンタルモデルができあがると、そのモデルにしたがって人は思考するようになります。その結果、入力情報に対する関連情報を活性化し、次の情報を予測するようになります。

たとえば、次のような文を検討してみましょう。

There are two kinds of displays: CRT type and liquid crystal type.

[ディスプレイにはCRT型と液晶型の２種類があります。]

この文の読み手は、頭の中に、display、CRT、liquid crystalに関する世界を作り、display、CRT、liquid crystalに関する情報を活性化させます。すると、display、CRT、liquid crystalに関する情報の入力を予測します。より正確には、CRT type and liquid crystal typeという順序で述べられているので、CRT displayに関する情報の入力を期待します。

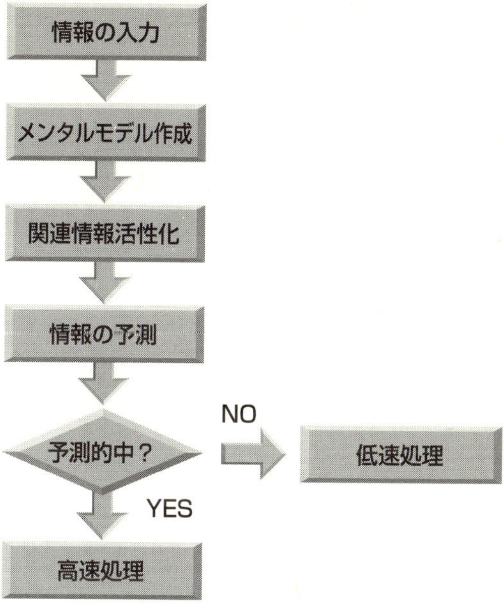

●メンタルモデルが機能すると理解しやすい

メンタルモデルがうまく機能している限り、読み手は理解しやすいと感じます。なぜなら、メンタルモデルが機能していれば、次の情報に対する予測があたるからです。自分の予想どおりに話が展開されていけば、それだけ理解に要する負担が減り、読み手は理解しやすいと感じるのです。

先のディスプレイの例で言えば、第1文に続いてCRT displayに関する説明がなされれば、メンタルモデルどおりの展開になります。読み手はCRT displayに関する情報を活性化させていますので、容易に内容を理解できます。

● メンタルモデルが崩壊すると、理解しにくい

逆に、予想外の情報が入力されて、メンタルモデルが崩れたり、メンタルモデルを再構築しなければならなかったりすれば、読み手は理解しにくいと感じます。

メンタルモデルが崩れているとは、先に入力された情報によってメンタルモデルが活性化した情報の中に、新しい情報が含まれていないような状態です。つまり、従来の情報と新しい情報の関係が理解できないのです。これはまさに、「わからない」という状態です。

メンタルモデルを再構築するとは、先に入力された情報と新しい情報の関係を見つけるために、新しいメンタルモデルを作ることです。この場合でも、読み手は従来の情報と新しい情報の関係を見つけるという負担を強いられます。その負荷だけ、読み手はわかりにくいと感じるのです。

先のディスプレイの例で言えば、第1文に続いて、突然、電磁波の話になるような場合です。display、CRT、liquid crystalという活性化された情報と、電磁波との関係が理解できず、メンタルモデルが崩れるか、大幅な修正が必要になります。このため理解しにくいと感じます。

● 読み手のメンタルモデルを維持するように書く

わかりやすい文章を書くには、読み手にできるだけ明確なメンタルモデルを形成させ、そのメンタルモデルを壊さないことが重要です。そのためには、以下の2点を守ると効果的です。

1. なるべく文章の展開を示唆する
2. 示唆した展開を守る

たとえば、次のような文を検討してみましょう。

(1)There are two basic kinds of message boards on AOL, **unthreaded** and **threaded.** (2)**Unthreaded boards** don't have a link between your posting and any replies. (3)Messages are just dumped into a folder in the order they're created. (4)To find replies, you have to scroll through manually looking for messages with matching subject headers. (5)**In threaded boards**, there's a Post Response button that links replies to the original message.

[(1)AOLには非スレッデッドとスレッデッドの、基本的な2種類のメッセージボードがある。(2)非スレッデッドボードでは、投稿とそれに対する回答とがリンクされない。(3)メッセージは、投稿された順にフォルダーに出力されるだけである。(4)回答を見つけるにはスクロ　ルして、サブジェクトが一致するメッセージを手作業で探さなければならない。(5)スレッデッドボードでは、投稿するボタンがあって、オリジナ

ルのメッセージに回答をリンクできる。]

読み手は、第1文のunthreaded and threadedを読んで、メンタルモデルを作りunthreadedとthreadedに関する関連情報を、この順番で待ちます。第2文では、予想どおりにunthreadedに関する関連情報が書かれているので、容易にその情報を処理できます。

一方、その処理と同時に、読み手はthreadedに関する関連情報を待ち続けています。第5文でthreadedに関する関連情報が書かれているのを読んで、予想どおりの展開に安心して、次の文章を読み続けていくのです。

ここでもし、unthreadedとthreadedの順番が逆だったり、unthreadedの後にthreadedの情報がこなかったりすれば、読み手の予測がはずれます。メンタルモデルが狂うわけです。こうなると、読み手は混乱します。

どのように文章の展開を示唆し、それをどのように守るかについては、「第2部 英語がすらすら書けるコツ」でさらに詳細に説明します。

企業における正しいライティング研修

企業の英語研修は、次の3段階で構成すべきです。

1.翻訳技術を習得する、文法中心の初級コース

2.コミュニケーション技術を習得する中級コース

3.実務文書作成技術を習得する上級コース

いずれのコースも、ネイティブかノンネイティブかを問わず、コミュニケーション技術をしっかり習得した者が指導にあたるべきです。ネイティブであるというだけでは、不十分です。

英語研修における指導では、次の2点が重要です。

1.よい／悪いの理由を説明する

2.シナリオベースの演習をこなす

なぜ受講者の英文がダメで、なぜ模範解答がよいのかを理論的に説明しなければなりません。「こういう英文が書けるようになりましょう」などと好例だけを示して、なぜその英文がよいのかを説明しない講師は、人にものを教える能力がありません。

限られた時間で英語力を向上させるには、「なぜか」を理解して、それを実践するのが最も効果的です。この「なぜか」が理解できなければ、よい文章を書くことはほとんど不可能です。

実践力をつけるには、和文英訳ではなく、シナリオベースの演習が必要です。シナリオベースの演習とは、「こういう状況において、こういう趣旨のレターを書きなさい」というような演習です。つまり、生データから英文を起こす実務の状況そのものです。何をどのような構成で書くかは、コミュニケーション上、最も重要な部分です。これは和文英訳だけでは鍛えられません。

第2部

英語がすらすら書けるコツ

コミュニケーション技術に基づいた英文を書くには、文章の展開法を習得しなければなりません。そのうえで、文と文の接続のしかたや、好感を与える表現方法を習得する必要があります。

● 文章の展開法を知る

- ・パラグラフ単位で考えれば論理的にすらすら書ける
- ・何を述べるかから始めれば伝わりやすい
- ・パラレリズムを使えば書く負担がずっと減る

● 文をなめらかにつなぐ

- ・既知から未知へと流せば文がつながる
- ・接続語句を使えば読み手の負担が減る
- ・主従を明確にすれば言いたいことが強調できる

● 好感を与えるよう表現する

- ・丁寧度を知ればあらゆる状況に対応できる
- ・ちょっとした工夫で穏やかな口調になる
- ・表現を工夫すれば印象が変わる

1 文章の展開法を知る

この章のポイント

文章で効果的なコミュニケーションをするには、文章構成が大事です。構成はパラグラフ単位で検討します。また、文章やパラグラフの先頭に、これから何を述べるかを書いたパラグラフや文があると効果的です。さらに、同じ種類のことは同じ形で書くと、書くのも読むのもずっと楽になります。

1.1 パラグラフ単位で考えれば論理的にすらすら書ける

パラグラフ単位で全体構成を考えると、全体が見渡せるので、論理的な文章を書けるようになります。各パラグラフで書くことを決めたら、それをより詳細に書くことで、パラグラフを展開します。これによって、何から手をつけたらよいかわからないという初心者がおちいりがちな問題を克服できるのです。

● パラグラフとは

パラグラフとは、あるひとつのトピックについて述べるのを目的とした文の集まりです。ごくまれに、ひとつの文で構成されることもありますが、基本的には複数の文で構成されます。

●パラグラフのフォーマット

パラグラフのフォーマットには次の３種類があります。

(a)　　　(b)　　　(c)

(a)は、パラグラフの始まりを字下げせず、パラグラフとパラグラフの間に１行の空白行をいれるタイプです。空白行によって読みやすさが向上するので、アメリカを中心に現在もっとも使われています。

(b)は、パラグラフの始まりを字下げして、パラグラフとパラグラフの間に空白行をいれないタイプです。かつては主流でしたが、空白行がないために読みにくいので、新聞や雑誌のようにスペースに厳しい制約のあるものを除いて、使われなくなりつつあります。

(c)は、パラグラフの始まりを字下げして、かつ、パラグラフとパラグラフの間に１行の空白行をいれるタイプです。(a)と(b)を混同して生まれたようですが、正式なフォーマットとして一般に認知されています。

● 論理展開が容易

パラグラフ単位で全体構成を考えると、大きな単位で骨組みを考えられるので、ブロック図を作成するかのように文章を構築できます。それだけ、論理展開がしやすくなります。

たとえば、ある問題に対する対策を述べるのであれば、右図のような論理展開となるでしょう。

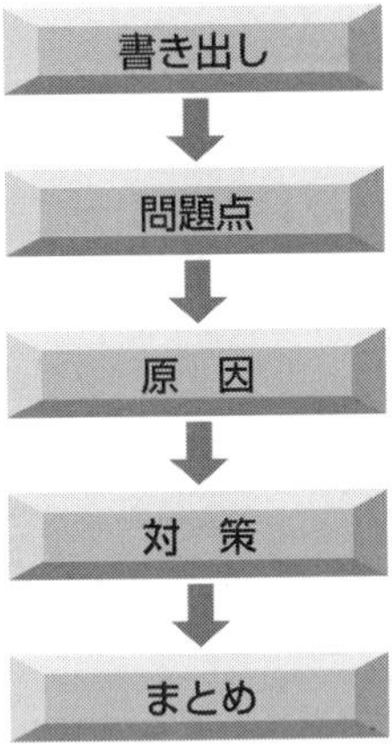

この骨組みができれば、あとは各トピックをパラグラフに割りつけて、肉付けするだけです。つまり、ひとつのトピックにつき、ひとつのパラグラフを使って、その中で詳しく説明するのです。文章作成がずっと楽になります。

パラグラフを意識しないで、文ばかりを気にすると、木を見て森を見ないことになりかねません。文章をどう展開したらよいかわからず、手のつけ所がわからなかったり、紆余曲折した末、非論理的な文章を書いたりしかねません。

● 書き手の意図が把握しやすい

ひとつのトピックごとに、ひとつのパラグラフが割り当てられている（次図）と、読み手としてもパラグラフとトピックの関連が直観的にわかります。ブロック図を見るように全体が理解できます。それだけ書き手の意図を把握しやすくなります。

パラグラフに切らずに文章を書く（次図）と、トピックの切れ目が直観的にわかりません。これでは、書き手の思考の流れが読み手に伝わりにくくなります。

逆に、不必要に細かいパラグラフで文章を書く（次図）と、パラグラフとトピックの関連が直観的にわかりません。これもやはり、書き手の思考の流れが読み手に伝わりにくくなります。

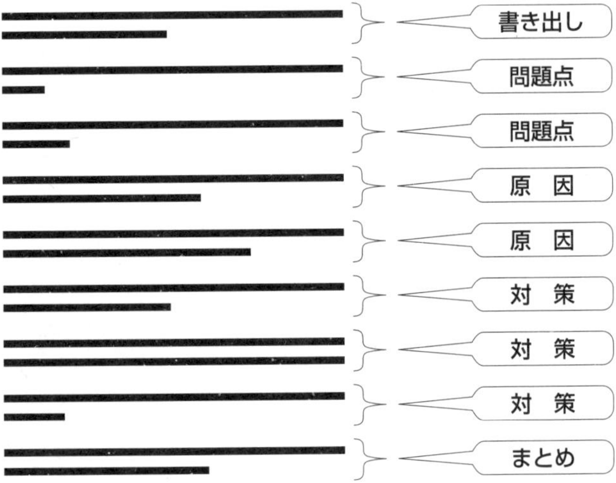

● 順番も大事

パラグラフ単位で全体構成を検討するときには、情報の順番にも注意を払います。最も効果的なコミュニケーションができる順番で情報を並べるのです。けっして、思いついた順とか、情報を入手した順に並べてはいけません。

たとえば、現状を分析したところ、原因が複数判明したなら、より重要なものから先に述べます。書き手が分析した時間順に書いてはいけません。

情報の順番には以下のような種類があります。
- 総論から各論へ（その逆）
- 重要なものから重要でないものへ
- 問題から解決法へ
- 原因から結果へ（その逆）
- 単純から詳細へ
- 単純なものから複雑なものへ
- 理論から応用へ
- 古いものから新しいものへ
- 上から下へ、左から右へ、内から外へ
- 短いものから長いものへ

●パラグラフ単位で文章を構成する具体例

第 1 部の「2.1 文章構成法を知らないので伝わらない、書けない」で検討した次の問題を考えてみましょう。

問題

最近開発したPERSEUSというノートパソコンに対し、ある顧客が、営業部門にノートパソコンを導入すべく、ライバル会社の競合製品SCORPIONとの差をE-mailで問い合わせてきました。そこで、下記の表から必要な情報を選択し、問い合わせに回答するE-mailの本文を作成しなさい。

	価格	重量	動作速度	大きさ	厚さ
PERSEUS	$3,200	1.5kg	500MHz	A4	1.2cm
SCORPION	$3,000	2.0kg	600MHz	A4	1.5cm

	画面サイズ	メモリ	電池寿命	ハード ディスク
PERSEUS	14″	64Mb	4 H	10Gb
SCORPION	12″	64Mb	3 H	12Gb

まず、アピールしたい特徴を表から探します。ここで、PERSEUSの特徴として「軽量である」「ディスプレイが大型である」「電池寿命が長い」ことをアピールしたいとします。

この順番は表に示されている順番ですが、文章にするときには、この順番で書いてはいけません。営業部門が使ううえで、最も重要と思われる特徴から順に述べるのです。たとえば、「軽量である」「電池寿命が長い」「ディスプレイが大型である」という順番になるかもしれません。

これをもとに、パラグラフ単位で考えた構成は右の図のようになるでしょう。構成が決まれば、あとはそれにしたがってパラグラフでトピックを詳しく説明すればよいのです。たとえば、「軽量」というパラグラフでは、「どのくらい軽いか」「それはSCORPIONと比べてどのくらい優位か」「軽量であることがなぜ重要か」などを説明するのです。

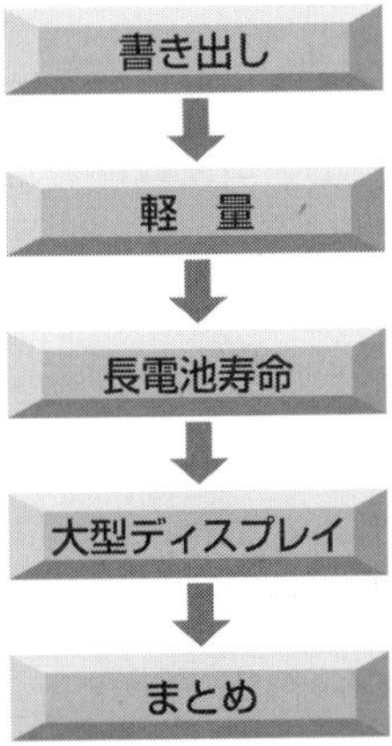

アメリカには文章の書き方の標準がある

アメリカではAmerican National Standards Institute（ANSI）という組織が、文章作成の標準も策定しています。また、標準の文章スタイルを制定している業界もあります。

ANSIは工業分野における規格を標準化する目的で、1918年に設立された非営利組織です。日本のJISにあたる組織と言えます。アメリカの各種団体が作成した規格を審議し、関係組織と調整のうえ、国内標準として承認しています。

ANSIは、文章の作成についても標準を定めています。たとえば次のような標準です。

ANSI Z39.18. Scientific and Technical Reports－Elements, Organization, and Design

ANSI Z39.14. Guidelines for Abstracts

この標準では、レポートの構成や各パートで述べるべきことなどから、余白の大きさや紙質に至るまで細かく規定されています。この規定を読むと、日本人の書く英語の論文が、いかに標準からはずれているかわかります。

この他にも、American Psychological Association（APA）やModern Language Association（MLA）などが文章のスタイルガイドを出しています。いずれもその業界でのデファクトスタンダードとなっています。

日本では、JISが文章の書き方の国内標準を設けることなど、まったく思いもつかぬことでしょう。ここでも、コミュニケーションに対する文化の違いを感じます。

1.2 何を述べるかから始めれば伝わりやすい

まず何を述べるかを簡単に説明してから、次にそれを詳しく説明すると、読み手が理解しやすくなります。読み手が、重要な情報を読み落とすことも減ります。これは、文章レベルから、章やパラグラフレベルすべてにおいて共通する原則です。

● 総論から始める

文章の最初には、その文章で何を述べるのか、何をもっとも述べたいのか（これを総論と呼びます）を述べます。先の展開を最初に述べることで、読み手に明確なメンタルモデルを作らせるのです。これによって、読み手は関連情報を活性化させますので、その後の文章を理解しやすくなるのです。

逆に、方向を示さずに文章を展開すると、読み手は「結局のところ何が言いたいのだろう」「どこまで読めばそれがわかるのだろう」と考えながら読まなくてはなりません。メンタルモデルが作りにくくなるので、関連情報が活性化せず、理解しにくく感じます。

また、もっとも訴えたいことが最初に述べられていれば、忙しくて文章を斜め読みする読み手にも重要な情報が伝達できます。もっとも訴えたいことが、文章の途中や最後にあったのでは、読み手はそこまで読まないかもしれません。そうなると、読み手は重要な情報を読み落としてしまいます。

● すべてのレベルで総論は必要

階層構造を持つような長い文章では、原則として、文章／章／節といったすべての階層で総論が必要です（次図参照）。文章の始めには、論文のアブストラクトのように、その文章で何を言おうとするのかを述べる総論をおきます。各章の始めにも、その章では何を言おうとするのかを述べる総論をおきます。

章の見出しの直後に、節の見出しをおいてある文章を見ますが、これは読み手に不親切です。章の見出しの後には、章の総論をおいて、その後に節の見出しをおきます。

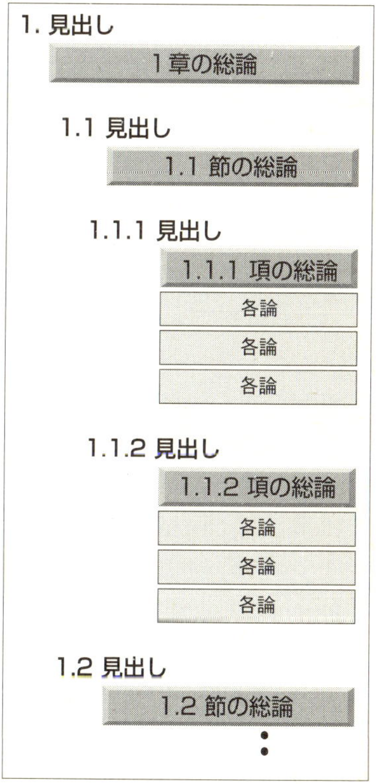

● **総論の具体例**

たとえば、あるライティングの本[*7]には、次のような章があります。

Chapter 17
Semicolons, Colons, Dashes, and Hyphens

OBJECTIVES

After studying this chapter and completing the chapter activities, you will be able to do the following:

1. Use semicolons correctly in your writing.
2. Apply the guidelines for using colons.
3. Enliven sentences by using dashes where appropriate.
4. Use hyphens accurately.

（17章の総論）

SEMICOLONS

A semicolon is a form of punctuation used to denote a pause. Semicolons are stronger than commas but weaker than periods. In certain situations, use semicolons between independent clauses, before conjunctive adverbs, with enumerating words such as for example, in compound sentences that

（セミコロンの節の総論）

[*7] Henson and Means, *English Communication for Colleges*, 2nd edition, South Western Educational Publishing, 1977

have internal commas, and in a series. The following guidelines and examples will explain when you should insert semicolons in your writing.

セミコロンの節の総論

Between Independent Clauses
Use a semicolon between two related independent clauses instead of using a comma and a coordinate conjunction. Note these:

各論の始まり

【対訳】

17章

セミコロン、コロン、ダッシュ、ハイフン

目的

本章を学び演習を終えた後に、次のことができるようになります。

1. セミコロンを正しく使って書ける
2. コロンを使うための注意事項を適用できる
3. 適切なダッシュを使って、文に活力を与える
4. 正確にハイフンが使える

セミコロン

セミコロンは、間をおくことを意味する句読点です。セミコロンは、コンマより強いですが、ピリオドよりは弱くなります。セミコロンを使うのは、独立した節の間か、接続副詞の前か、for exampleのような列挙

を示す表現とともにか、コンマを含む重文の中か、並記の中です。次の注意事項と例で、いつセミコロンを使うべきかを示します。

独立した節の間
コンマや等位接続詞の代わりに、２つの関係のある独立節の間にセミコロンを使います。以下の点に注意しましょう。

この文章では、すべての階層の最初に総論を述べています。まず、章全体の総論をOBJECTIVESとして述べています。その総論に基づいて、次にセミコロンの節を展開しています。その節では、最初に総論を述べています。さらに、その総論に基づいて、Between Independent Clausesという話題の説明を始めています。

●パラグラフの先頭には要約文を

同様に、パラグラフでも最初に、そのパラグラフで何を述べるのかを示す総論が必要です。つまり、パラグラフの先頭には、そのパラグラフの要約文（これを、topic sentenceと言います）をおくのです。その後、そのtopic sentenceで述べたことを、そのパラグラフで説明します。

topic sentenceは、基本的にすべてのパラグラフの先頭におきます。ただし、総論となるパラグラフでは、topic sentenceがないこともあります。また、特別な効果をねらって、topic sentenceをパラグラフの後ろにおくこともありますが、実務の文章や論文ではそのような書き方を覚える必要はありません。

たとえば、次のようなパラグラフを検討してみましょう。

You can send and read messages when it is convenient–no more telephone tag! By attaching files to e-mail messages, you can exchange vast amounts of information for pennies–even if the recipient is halfway around the world. As proof, this entire article and related messages were sent between the authors via e-mail during various draft stages, eliminating the need for costly long-distance phone calls or waiting for the mail.

[都合のよいときにメッセージを送り、あるいは読めばよいのです。もはや、互いに何度も電話しているのに連絡が取れないようなことはありません。電子メールにファイルを添付すれば、たとえ受信者が地球の反対側にいたとしても、膨大な量の情報を数セントでやりとりできるのです。実際、この記事と関連メッセージはすべて、原稿の段階で何度も、著者同士、電子メールでやり取りしたのです。費用のかさむ長距離通話をすることも、郵便を待つこともありませんでした。]

このパラグラフでは、電子メールの電話に対する利点を述べています。したがって、次のようなtopic sentenceをパラグラフの先頭におきます。

E-mail has several advantages over the telephone.

● **総論から始める具体例**

「1.1 パラグラフ単位で考えれば論理的にすらすら書ける」で検討した、ノートパソコンの問い合わせに対する回答では、右図のような構成を考えました。

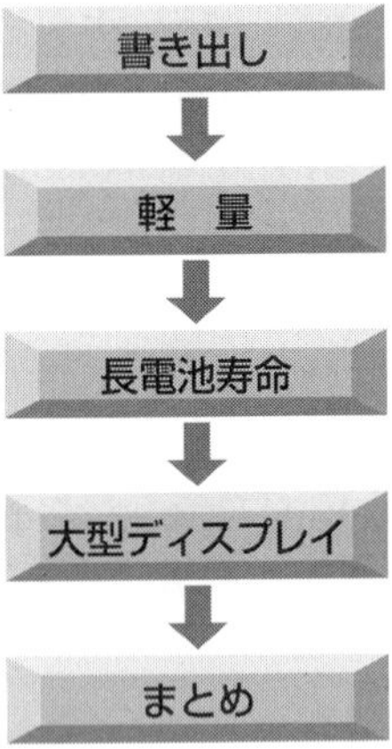

したがって、書き出しではこれから何を述べるのか、何がもっとも言いたいことなのかという総論を述べなければなりません。具体的には、軽量、長電池寿命、大型ディスプレイの3点を簡潔に述べます。

書き出し（＝総論）として、次のような英文が考えられます。

Thank you for your interest in our new product, PERSEUS. The PERSEUS weighs only 1.5kg, 25% less than the SCORPION. The PERSEUS operates for 4 hours on a rechargeable battery, 33% longer than the SCORPION. Furthermore, the PERSEUS is equipped with a 14″display. Therefore, the PERSEUS is best for sales staff.

［当社の新製品ペルセウスにご関心をいただきありがとうございます。ペルセウスは、わずか1.5kgとスコーピオンより25%も軽量です。また、充電池で、スコーピオンより33%も長く4時間動作します。さらに、ペルセウスは14インチのディスプレイを有しています。したがって、営業部門のスタッフ用のパソコンに最適と存じます。］

このような書き出しであれば、読み手はこの後に軽量であることについての詳細な説明がなされ、さらにその後、電池寿命、大型ディスプレイの説明がされると予想できるのです。これによって、メンタルモデルが作成され、関連情報が活性化されて、後続の文章をすんなり理解できるわけです。

さらに、忙しい読み手であっても、この書き出しを読んだだけで重要な情報が伝わります。後続の文章には、この書き出しで書かれている以上に重要な情報はありませんから、後続の文章を仮に読まなかったとしても、重要な情報を読み落とすことはありません。

● topic sentenceのあるパラグラフの具体例

書き出しで総論を述べたら、それに基づいて、次は軽量についてのパラグラフを書きます。そのときtopic sentenceが先頭にくるよう注意します。

次のようなパラグラフが考えられるでしょう。

The PERSEUS is more portable. The PERSEUS weighs only 1.5kg while the SCORPION weighs 2.0kg. The PERSEUS weighs 25% less than the SCORPION. The portability is the most important criteria for road warriors. You can take the PERSEUS anywhere, anytime in your briefcase.

[ペルセウスは携帯性に優れています。スコーピオンが2.0kgであるのに対して、ペルセウスはわずか1.5kgです。つまり、25%も軽量です。携帯性は営業スタッフにとって最も重要な選択基準です。ペルセウスであれば、いつでも、どこでも、鞄に入れて持ち運べます。]

The PERSEUS is more portable. がこのパラグラフのtopic sentenceです。このパラグラフでは、これに基づいて、いかに軽量であるかを具体的に詳しく述べています。

議論は大歓迎

日本人は議論を避けたがる傾向にあります。しかし、欧米では議論は大歓迎です。議論できないと、能力のない人と見なされかねません。

日本人が議論を避けたがる理由は、議論とは勝敗をつけるものという意識があるからかもしれません。つまり、そこにwin-loseの関係を意識しているのです。

一方、欧米では、議論はより深く理解するためのもの、より深く検討するためのものという意識があるようです。より深く理解し、検討することで、双方の納得するwin-winの関係を築こうとしているのです。

たとえば、欧米人のセールスに対して、「なぜそうするとそのようなメリットが生じるのかわからない」と主張することは、相手も大歓迎です。なぜなら、「なぜそのようなメリットを生じるか」を説明し、説得するよい機会だからです。win-winの関係を築くために、深い議論になればなるほど歓迎されます。

欧米人は、このような議論ができる人をキーパーソンとみなします。会議の前に名刺の交換をしていなければ、必ず、会議の後に向こうから名刺の交換を求めてきます。場合によっては会議後に、さらなる情報交換を望んでくることもあります。

一方、議論できない人に対しては、興味を示しません。議論ができない人は、仕事の地位も低いと思うのでしょう。説得の必要性を感じないようです。

1.3 パラレリズムを使えば書く負担がずっと減る

同類のものを説明するときは、なるべく同じ形を維持します。これによって、あるひとつを書き上げれば、後はデータの差し替えだけで、長い文章がすらすら書けるようになります。読み手も先が読めるので理解しやすくなります。

●パラレリズムとは

同じ種類のものを同じ形で並列することをパラレリズムといいます。簡単な文レベルのパラレリズムの具体例を次に示します。

パラレリズムを守っていない例

The company is searching for sales persons who are ambitious, motivate themselves, and exhibit dedication.

[その会社は、野心があり、やる気があり、熱心な営業スタッフを探している。]

パラレリズムを守っている例

The company is searching for sales persons who are ambitious, self-motivated, and dedicated.

パラレリズムは単語や文レベルだけではありません。パラグラフ、節、章単位でも適用可能です。

パラグラフレベルのパラレリズムの例

In the late 1970s, layout design was partly computerized. Engineers designed the layout with computers instead of the color film. It might be a small step in view of time saving. However, it was a great step in the long view.

In the early 1980s, layout verification was partly computerized. Engineers did not have to spend a lot of time any more to check all the transistor sizes and all the distances between any two patterns one by one with measures. This computerization saved a lot of design time.

[1970年代後半、レイアウト設計が部分的にコンピュータ化しました。エンジニアは、カラーフィルムの代わりにコンピュータを使ってレイアウト設計をするようになったのです。これは、時間節約という意味では小さな一歩だったかもしれません。しかし、長い目で見ると大きな一歩だったのです。

1980年代初期、レイアウト検証が部分的にコンピュータ化されました。エンジニアたちは、もはや膨大な時間をかけて、すべてのトランジスタのサイズや２つのパターン間の距離を、定規を使ってひとつずつチェックする必要がなくなったのでした。このコンピュータ化は設計時間を大幅に短縮しました。]

この２つのパラグラフでは、両方のパラグラフとも、「何年に何がコンピュータ化されたか」「それによって設計作業がどう変化したのか」「それによって設計がどれだけ効率化したか」を順番に説明しています。

● パラレリズムの効果

単語や文レベルでパラレリズムを守ると、口調がよく印象に残りやすくなるというメリットが生じます。しかし、コミュニケーションや文章作成の効率化という観点で考えたとき、さほど大きな効果はありません。

パラレリズムが本当に威力を発揮するのは、パラグラフ以上の大きなレベルにおいてです。パラグラフ、節、章単位でパラレリズムを守ると、読み手が理解しやすく、書き手が文書作成を大幅に効率化できるというメリットが生じます。

あるパラグラフ、あるいは節、章が、前のパラグラフ、節、章とパラレリズムをなしていると読み手が判断すると、読み手は、同じ種類のものが同じ形で展開されるとメンタルモデルを作成します。これによって、関連情報が活性化されて、２つ目以降のパラグラフ、節、章が理解しやすくなるのです。

先に挙げた例では、２つ目のパラグラフの書き出し In the early 1980s を読んで、読み手はこのパラグラフと前のパラグラフが並列していることを、無意識のうちに認識します。そこで、メンタルモデルを作って、前のパラグラフと同様に、「何年に何がコンピュータ化されたか」「それによって設計作業がどう変化したのか」「それによって設計がどれだけ効率化したか」という話が展開されると、無意識のうちに予想するのです。実際、そのとおりに文章は展開されますから、読み手はとても理解しやすいわけです。

また、パラレリズムは書き手の負担も大幅に省力化してくれます。並列するパラグラフ、節、章のうち、最初のパラグラフ、節、章さえしっかり書けば、あとのパラグラフ、節、章はデータの差し替えだけでよいからです。わざわざ新たに構成を考える必要はありません。

さらに、パラレリズムは論理性のチェックにも使えます。各章や各節の見出しがパラレリズムを守っているかチェックするのです。パラレリズムが守られていない場合、その情報は不要な情報か、分類を間違えているのです。これでは論理性が保てませんので、不要な情報は削除し、分類を間違えている情報は正しく分類します。

一方、パラレリズムを使って文章を書くと、文章が単調になるという欠点があります。しかし、実務の文章や論文では、コミュニケーション効率が優先されますので、単調になっても気にする必要はありません。

●パラレリズムを守ったパラグラフの具体例

「1.1 パラグラフ単位で考えれば論理的にすらすら書ける」で検討した、ノートパソコンの問い合わせに対する回答では、次図のような構成を考えました。

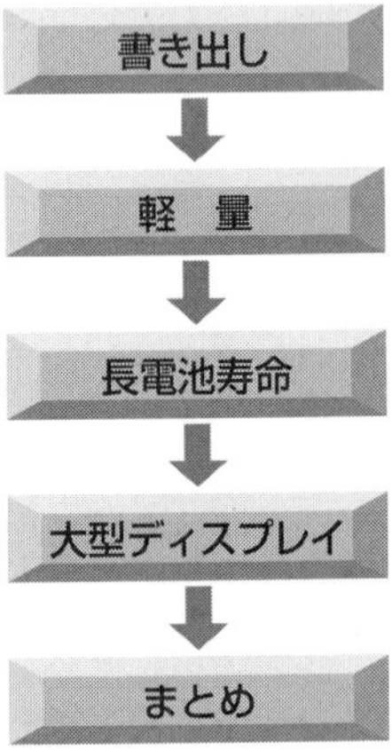

ここでは、軽量、長電池寿命、大型ディスプレイを詳しく説明する3つのパラグラフを、パラレリズムを使って書けるはずです。

3つのパラグラフでは、それぞれ最初の1文で特徴（軽量、長電池寿命、大型ディスプレイ）を簡潔に述べます。つまりこれがtopic sentenceになるわけです。次に、その特徴を、topic sentenceに続いて、詳細に説明します。最後に、その特徴がビジネスの場でいかに有効かについて説明することにします。

3つのパラグラフは、具体的には以下のようになるでしょう。

The PERSEUS is more portable. The PERSEUS weighs only 1.5kg while the SCORPION weighs 2.0kg. The PERSEUS weighs 25% less than the SCORPION. The portability is the most important criteria for road warriors. You can take the PERSEUS anywhere, anytime in your briefcase.

The PERSEUS operates for longer hours. The PERSEUS operates for 4 hours on a rechargeable battery, while the SCORPION operates for 3 hours. The PERSEUS operates 33% longer than the SCORPION. You can use the PERSEUS through two two-hour meetings a day without recharge.

The PERSEUS is equipped with a larger size display. The PERSEUS is equipped with a 14inch TFT display, while the SCORPION is equipped with a 12inch display. You can make a presentation for your customers with the PERSEUS' wide display.

[ペルセウスは携帯性に優れています。スコーピオンが2.0kgであるに対して、ペルセウスはわずか1.5kgです。つまり、25%も軽量です。携帯性は営業スタッフにとって最も重要な選択基準です。ペルセウスであれば、いつでも、どこでも、鞄に入れて持ち運べます。

ペルセウスは長時間動作します。充電池で、スコーピオンが3時間しか動作しないのに対して、ペルセウスは4時間も動作します。つまり、33%も長く動作するのです。ペルセウスであれば、1日に2時間の会議が2つ続いても、再充電することなく使えるのです。

ペルセウスは大画面のディスプレイを備えています。スコーピオンのディスプレイが12インチであるのに対して、ペルセウスのディスプレイは14インチのTFTタイプです。ペルセウスであれば、大画面のディスプレイで、顧客にプレゼンテーションできます。」

各パラグラフが内容的にパラレリズムを形成しているばかりでなく、主語や構文までも類似していることに注意してください。これによって、読み手にパラレリズムを使って書かれていることを意識させ、より具体的なメンタルモデルを持ってもらえます。

NOと言わない

意外かもしれませんが、欧米人は一般にはっきりNOとは言いません。日本人の正直なビジネススタイルに慣れていると、想像していたのとは異なる商品をつかまされかねません。

欧米人は、ビジネスではめったにNOと言いません。たとえば、「この商品ではこれができますか？」ときくと、実際にはできないのに、「こうすれば、こういうことができる」とぼかした言い方をします。しかし、実際には期待したことはできないのです。買った後で、「やっぱりできないじゃないか」となります。

彼らがNOと言わないのは、「ビジネスでは、NOと言う代わりに代案を出せ」と教えられているからのようです。その代案は、口からでまかせの嘘というわけではないのですが、かなり苦し紛れのことも多くあります。

また、彼らの主張は、「うちの商品はこんなに優れている」というメリット一点張りです。不利な点を隠しているので、信用すると痛い目にあうことがあります。私も、「もうあそこの言うことは信用しない」と思う会社がいくつかあります。

一方、日本人は欧米人に比べると正直です。できないことはできないと正直に認めたうえで、「でもうちの商品にはこんな優れた点があるので、総合的に評価すれば上回る」と説得してきます。したがって、ある程度信用してかかれます。（もちろん、詐欺まがいの悪徳商法は別です）

欧米人とのビジネスでは、デメリットを指摘したときの相手の説明に、細心の注意を払う必要があります。

2 文をなめらかにつなぐ

この章のポイント

読み手に負担をかけずに文章を読んでもらうには、文と文、パラグラフとパラグラフをなめらかにつながなければなりません。つながりをよくするには、古い情報を前に、新しい情報を後ろにおくのが効果的です。接続語句や関係代名詞を有効に使って、２文間の関係を明確にするのも効果的です。

2.1 既知から未知へと流せば文がつながる

すでに述べた既知の情報を文の前に、新しい未知の情報を文の後ろに付け加えながら情報を展開していくと、文章がうまく流れます。文と文がうまくつながらないという悩みが解消できるのです。また、論理の飛躍も防止できます。

● 文頭は既知の情報で

文のはじめには、すでに前に述べた情報をおきます。先に述べた情報は、読み手がメンタルモデルによって、関連情報を活性化しているので受け入れやすいのです。

たとえば、次のような文章[*8]を検討してみましょう。

(1)A flower has a fragrance when certain essential oils are found in the petals. (2)These oils are produced by the plant as part of its growing process. (3)These essential oils are very complex substances. (4)Under certain conditions, this complex substance is broken down or decomposed and is formed into a volatile oil, which means it evaporates readily. (5)When this happens, we can smell the fragrance it gives off.

〰〰〰〰 未知の情報
────── 既知の情報

[(1)ある種の植物性芳香油が花弁に含まれると、花は香りを放つ。(2)この芳香油は植物が生長する過程で生成される。(3)この芳香油はとても複雑な物質である。(4)ある条件下では、この複雑な物質は分解されて、蒸発しやすい揮発油に変わる。(5)揮発油に変わると、香りが放たれるのである。]

この文章では、第2文以降のすべての文において、文頭に既知の情報をおいています。つまり、その前の文ですでに述べられている情報を先頭においているのです。第2文の文頭 These oils と第3文の文頭 These essential oils は、第1文ですでに述べた certain essential oils のことです。第4文の文頭 this complex substance も、その前の第3文で very complex substances として述べられています。さらに、第5文の文頭の this は、第4文全体を指しています。

*8 Arkady Leokum, The Big book of *Tell Me Why*, Marboro Books Corp, 1989

このように、すでに述べた情報を文頭においているので、この文章は各文がなめらかにつながっているのです。これが読み手の負荷を下げ、理解しやすくさせているのです。

● 未知の情報が文頭に来ると理解しにくくなる

逆に、文のはじめに未知の情報があると、読み手はその未知の情報と今まで述べられてきた情報との関係がわかりません。文章を先まで読み進んではじめて、その関係がわかるようでは、わかりやすいビジネス文章とは言えません。

たとえば、次のような文章[*9]を検討してみましょう。

(1)Mexico City sits in a depression on top of a plateau, which makes the business of pumping more difficult. (2)Because the city sits on an ancient lakebed, the soil has a very high moisture content, and as water is pumped out, the land tends to settle. (3)The El Angel monument, which is built on pillars which rest on bedrock deep in the ground, was originally level with the land around, but as the land settles, the monument appears to be rising into the sky.

〰〰〰 未知の情報
――― 既知の情報

*9 日本英語教育協会編,『英検合格のための英検準1級出題分析と対策』, 日本英語教育協会 1990

[(1)メキシコ・シティーは高原の窪地に位置していて、それが、水の汲み上げをいっそう難しくしている。(2)メキシコ・シティーは古代の湖底にあるため、土壌は多くの水分を含んでおり、水を汲み上げると地盤沈下する傾向にある。(3)エルアンヘルの記念碑は、地中深くの岩盤に達する柱の上に建てられていて、もともと周りの土地と同じ高さにあったが、土地が沈んで、今では空高くそびえ立っている。]

第2文の文頭 the city は、第1文ですでに述べたMexico City のことです。したがって、読み手は違和感なく受け入れられます。

しかし、第3文は The El Angel monument という新しい情報から始まっています。これでは読み手は、The El Angel monument とそれまでの情報との関係がわかりません。

文章の最後の as the land settles あたりまで読んで、はじめて前に述べた情報がでてきます。ここで、やっと The El Angel monument とそれまでの情報との関係がわかるのです。これでは読み手に大きな負担をかけてしまいます。最悪の場合、意味が正しく伝わらないかもしれません。

この文章を流れのよい、わかりやすい文章にするには、A symbol of the land settlement is the El Angel monument. という1文を、下線部の The El Angel monument の前に

挿入します。これにより、既知から未知への流れを守れるので、The El Angel monument が唐突になりません。

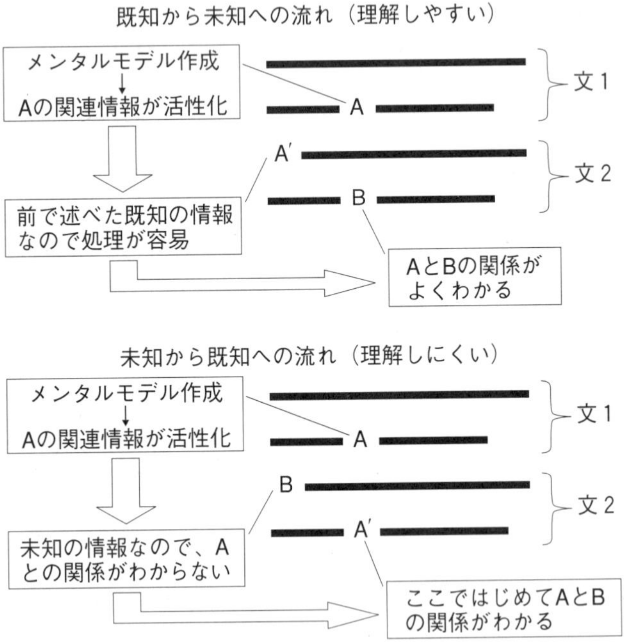

● **能動態か受動態かは自然に決まる**

既知から未知への流れを守れば、主語が自然に決まるので、能動態か受動態かも自然に決まります。どちらの態を使うかを特に意識する必要はありません。

たとえば、次のような文章[*10]を検討してみましょう。

(1)Although jet engines power the newest, most powerful aircraft we have today, the principle behind them was discovered about 2,000 years ago! (2)That principle is jet propulsion, and it was first shown by a Greek mathematician, Hero of Alexander, in about 120 B.C. (3)He used the forces of steam escaping from a heated metal ball to spin the ball like a wheel.

〰〰〰 未知の情報
――― 既知の情報

[(1)ジェットエンジンは、現代の最新式で最も強力な航空機に動力を供給しているのだが、その原理は約2000年も前に発見されたのであった！(2)その原理はジェット推力であって、ギリシャの数学者、アレクサンドリアのヘロンによって、紀元前約120年にはじめて示されたのである。(3)彼は、熱した金属球から吹き出る蒸気を使って、その金属球を車輪のように回転させたのであった。]

この文章は、３つの文すべてが、正しく既知から未知の流れを守っています。第１文の主文の主語 the principle behind them は、その前に述べた jet engines の関連情報

*10 Arkady Leokum, *The Big Book of Tell Me Why*, Marboro Books Corp, 1989

です。第2文は2つの文で構成されていますが、どちらも第1文の the principle behind them を受けています。第3文の主語 He は、第2文で述べた Hero of Alexander のことです。

ここで気をつけたいのは、第2文で it was first shown by a Greek mathematician, Hero of Alexander. と受動態になっていることです。この文は、a Greek mathematician, Hero of Alexander showed it first. と能動態に書き直してはいけません。なぜなら、a Greek mathematicianという未知の情報が主語になると、読み手の負荷が高まるからです。また、ここまではジェットエンジンとその原理が話題の中心ですから、ほかのものを主語にすると焦点がぼけてしまうからです。

このように、情報の流れが決まれば、能動態か受動態かは自然に決まります。能動態を使うよう勧めている参考書もありますが、その考え方はひとつの文では正しくても、文章というレベルで考えた場合、有効ではありません。

● むやみに主語を変えない

既知から未知への流れを守っていれば、どんなものが主語になってもよいというわけではありません。主語は文の中心ですから、その文で、あるいは文章でもっとも言いたい話題の中心が主語にならなければなりません。

むやみに主語を変えると、文章の焦点がぼけてしまいます。その結果、話題の中心に対する読み手の印象が薄まってしまい、文章の効果が半減することもあります。

たとえば、商品説明をするときは、終始一貫して商品名もしくはそれに類似するものが主語になります。なぜなら、その商品が話題の中心だからです。会社説明であれば会社名もしくはそれに類似するものが、終始一貫して主語になります。

次の文章は、ある会社のプロフィールです。終始一貫して、その会社が主語になっていることに注意してください。

MIPS Technologies, Inc. is one of the world's primary architects of embedded 32- and 64-bit RISC processors. The company drives the broadest architectural alliance that is delivering 32- and 64-bit embedded RISC solutions. The company licenses its intellectual property to semiconductor companies, ASIC developers, and system OEMs. MIPS Technologies, Inc. and its licensees offer the widest range of robust, scalable processors in standard, custom, semi-custom and application-specific products.

[MIPSテクノロジー社は、組み込み用の32ビットと64ビットのRISCプロセッサーのアーキテクチャーを有する世界主要企業のひとつである。最大規模のアラ

イアンスを組織して、32ビットと64ビットの組み込み用RISCのソリューションを提供している。MIPSテクノロジー社は、その知的所有権を、半導体会社やASIC開発会社、システムのOEM先にライセンスしている。MIPSテクノロジー社とそのライセンスを受けた会社は、標準品、カスタム品、セミカスタム品、特殊用途向け製品において、多種多様ですぐれた拡張性の高いプロセッサーを提供している。]

科学技術論文のタイトルのつけ方

論題は、論文の内容を端的に表すものでなければなりません。内容を伝えられない論題では、読み手にその論文のページを開いてさえもらえないのです。つまり、土俵にも上げてもらえないことになります。

論文の内容を端的に表すためには、topic、purpose、methodを入れ込みます。topicだけしかない論題をよく見ますが、それでは読み手に伝わりません。

topic：　何の何について研究したのか
purpose：　topicをどうすることを目的としたのか（動詞形のある名詞を使うことが多い）
method：　どうやって目的を実現したのか（ここに論文の新規性がある）

例

Efficient Computation of Quasi-periodic Circuit Operating Conditions via a Mixed Frequency/Time Approach

Topic：　Computation of Quasi-periodic Circuit Operating Conditions
Purpose：（to make） Efficient
Method：　via a Mixed Frequency/Time Approach

単語の先頭は大文字にし、冠詞は可能な限り省略するのが習慣です。ちなみに、Studies on とか、Concerningといった表現は、冗長（論文がstudyなのはあたりまえ）なだけなので使わないようにします。

2.2 接続語句を使えば読み手の負担が減る

接続語句を上手に使うと、それに続く文章の展開を示唆できるので、理解しやすい文章になります。

● 接続語句は道しるべ

接続語句は、その後にどんな文章が展開されるかを、わずか数語で示してくれます。たとえば、パラグラフの先頭に for example とくれば、そのパラグラフは前のパラグラフで述べたことを、例を使って説明しているとわかるわけです。接続語句は一種の道しるべと言えます。

道しるべがあると読み手が楽になります。接続語句を読んだ段階で、読み手はメンタルモデルを作成して関連情報を活性化できるからです。for example とくれば、「これから前のパラグラフで述べたことを、例を使って説明する」と、読む前から内容が予測できるのです。それだけ読み手の負荷が減るのです。

道しるべがあると文意が正しく伝わります。前後の文またはパラグラフ間の関係が示されるからです。道しるべがなければ、その関係を読み手が判断しなければなりません。読み手によっては誤解してしまうかもしれません。

● 情報の追加を示す接続語句

次の接続語句は、「これから、先に述べたことに追加して、似たような情報を述べるが、重要性は先に述べた情報より落ちる」ということを示します。

additionally, also, besides, further, furthermore, in addition, moreover, similarly など

例文
The ClearView supports a maximum resolution of 1024×768 pixels at a 75Hz refresh rate in VGA, SVGA, XGA and Macintosh formats. Additionally, it supports 16.7 million colors.

[ClearView は、VGA、SVGA、XGAとマッキントッシュの各フォーマットに対応し、75Hzのリフレッシュ速度で最大1024×768ピクセルの解像度を有しています。それに加えて、1670万色も表示可能です。]

● 比較、対照を示す接続語句

次の接続語句は、「これから、先に述べたことと対照的な情報を述べるが、どちらの情報も基本的には対等である」ということを示します。

by comparison, compared to, contrarily, conversely, in contrast, meanwhile, on the contrary, on the other hand , whereas など

例文
Then one day Lotus and WordPerfect woke up

and realized that Windows 3.0 was big, and that they had no products for that environment. Two years later, they were finally catching up. **Meanwhile**, Microsoft recognized and rode the market trends with more and more GUI-based products.

[その後ある日、ロータスとワードパーフェクトは、ウィンドウズ3.0の支配力が強いことと、自分たちにはその環境の製品がないことに気づいた。2年後、2社はやっと追いつくところまで来た。一方、マイクロソフトは、GUIに基づいた製品がますます主流になるという市場の流れを読み、その流れに乗った。]

●理由を示す接続語句

次の接続語句は、「これから、先に主文で述べた情報、または後に主文で述べる情報について、その理由を述べる」ということを示します。

as, because, since, for the reason that など

例文
OLE becomes useful **because** users can share data between applications in real time, without having to use the clipboard or temporary files.

[OLEは便利になった。なぜなら、ユーザーがデータ

を、クリップボードやテンポラリーファイルを使うことなく、アプリケーション間でリアルタイムに共有できるからである。]

●結果を示す接続語句

次の接続語句は、「これから、先に述べた情報によって、結果として起こることを述べる」ということを示します。

accordingly, as a consequence, as a result, consequently, hence, so, therefore, thus など

例文

Schools close to high-tech industries will be able to provide their students with the hardware necessary to access the Internet. **Consequently,** this will lead to a disparity in educational and occupational opportunities.

[ハイテク産業に近接した学校では、インターネットに接続するのに必要なハードウェアを学生に供給できるだろう。結果的にこのことは、教育上のそして職業上の機会の格差を生むことになるだろう。]

●逆接を示す接続語句

次の接続語句は、「これから、先に述べた、または後で述べる情報に対して、反対の情報を述べる」ということを示します。

although, but, despite, however, in spite of, instead, nevertheless, though, yet など

例文
Estimated battery life for the Ascentia J50 is three to four hours, **although** we suspect in actual conditions the battery life may be shorter.

[Ascentia J50の電池寿命は、実際の条件ではもっと短くなるかもしれないが、予想としては3～4時間である。]

● 順番を示す接続語句

次の接続語句は、「これから、羅列した情報のうちのひとつを述べる」ということを示します。

first, second, third, next, then, after, firstly, secondly, thirdly, finally など

例文
The power system, consisting of a battery and a voltage regulator, was one of the more difficult portions of the design because it operates under several constraints. **First**, the battery must source 30 mA at 3 V.

Second, the regulated 5-V rail is critical because it

is the reference for the PIC's ADC. Any change in this voltage translates into a proportional error in the recorded acceleration.

Third, the power system must be compact and lightweight because 50 g is the rocket's maximum payload. **Finally**, it must be reasonably efficient because small batteries have limited energy.

[電池と電圧調整器からなる電力装置は、設計上非常に難しい部分のひとつであった。なぜなら、電力装置はいくつもの制約のもとで動作するものだからである。第1に、電池は3Vで30mAを供給しなければならない。

第2に、5Vに調整されているレールは重要な役割を担っている。なぜなら、PICのADCに対する基準になっているからである。この電圧に変化があると、比例エラーとして加速記録に残ってしまう。

第3に、電力装置は小型軽量でなければならない。なぜなら、50gがロケットの最大許容重量だからである。最後に、電力装置はかなり効率的でなければならない。なぜなら、小さな電池は限られたエネルギーしか生成できないからである。]

● 例示を示す接続語句

次の接続語句は、「これから、先に述べた情報を、具体例を使って説明する」ということを示します。

for example, for instance, as an illustration など

例文

Depending on the type of NC, there may be some additional requirements. A pure NC, **for instance**, requires a boot server to function.

[NCのタイプによっては、追加要求のあることもある。たとえば、NC機能しかないのであれば、起動サーバーが必要になる。]

● 要約を示す接続語句

次の接続語句は、「これから、先に述べた情報を要約する」ということを示します。

in brief, on the whole, summing up, to conclude, in conclusion, in short など

例文

The BJC-70 weighs just 3 pounds but it's packed with features: maximum resolution of 720×360 dots per inch, output of 4 pages per minute for black-and-white and 1ppm for color, easy-load paper feeder, external AC adapter and more. It's versatile, quiet and reliable–**in short**, the perfect travel companion.

[BJC-70は重量たった3ポンドだが、いろいろな特徴がある。最大解像度が720×360dpiで、白黒なら毎分4ページ、カラーなら毎分1ページを印刷、容易な給紙、外部ACアダプタなど。用途が広く、静かで信頼性が高い。要するに、文句なく旅の友というわけだ。]

注）ここであげた接続語句は、同じ種類に分類されていても微妙に意味が異なる場合があります。詳しくは辞書を参照してください。また、一般には、短い単語（たとえば so）は口語的であり、長い単語（たとえば therefore）は文語的です。話すような口調の文章には口語調の単語を、論文のように堅い文章には文語調の単語を使います。

PL先進国アメリカの実状

訴訟社会であるアメリカでは、注意表示には細心の注意を払っています。不適切な注意表示は、格好の訴訟標的となり、数億ドルもの賠償請求をされかねません。

先日、私は、アメリカ製の新生児用チャイルドシートをレンタルしました。そのチャイルドシートには、子供の背中のあたる部分（すてきな柄の生地でできていて最も目立つところ）に、以下のような警告が縫いつけてありました。

Warning
DO NOT place rear-facing child seat on front seat with air bag. DEATH OR SERIOUS INJURY can occur. The back seat is the safest place for children of 12 and under.
[エアバッグのある助手席には、後ろ向きにチャイルドシートを取りつけないでください。死亡したり、重傷を負ったりすることがあります。12歳以下の子供には、後部座席が最も安全です。]

さすがアメリカ製品です。警告の文言も申し分なく、それをマニュアルだけでなく製品の一番目立つところに、しかも取れないように縫いつけてあるのです。日本では、デザインを大幅に犠牲にしてまで、注意書きを入れることはありません。取扱説明書に書くだけか、せいぜい、シールを張りつけておく程度です。

この警告文で注意すべきは以下の点です。

- すべきこととその理由が簡潔に書かれている
- canは確率が比較的高いことを意味する
- 「子供」ではあいまいなので、年齢で示している
- エアバッグがなければ、あるいは正面を向けてなら、助手席に設置することを禁じてはいない

2.3 主従を明確にすれば言いたいことが強調できる

文をつなげるときは、andを使わずに、接続語句や関係代名詞を使います。あるいは、従属文を名詞句にしてつなげます。このように接続すれば、2文間の主従／因果関係が明確になるうえ、主文が強調されるので、言いたいことが正しく伝わります。

● 接続語句を使うと焦点が明確になる

andは等位接続詞なので、andで文と文を接続すると、どちらが主か従かわからなくなります。このため文の焦点がぼけてしまいます。andを使う代わりに、適切な接続語句を使えば、文の焦点が明確になります。

また、andで文と文を接続すると、2つの文の因果関係がわかりません。因果関係が明示されていないと、読み手が勝手に判断することになります。その結果、誤解されてしまうこともあります。

たとえば、次のような英文を検討してみましょう。

Our new notebook computer operates 20% faster than the old model, and it is earth-friendly because of its recyclable parts.

［当社の新しいノートコンピュータは、従来機に比べて20%高速に動作し、リサイクル可能な部品を使って

いるので環境にも優しいのです。]

ここでは、「高速動作」と「環境に優しい」という2つの特徴が、andで結ばれて1文で述べられています。これでは文章の焦点がぼけてしまうので、読み手の印象に残りにくくなります。

Our new notebook computer operates 20% faster than the old model. In addition, it is earth-friendly because of its recyclable parts.

[当社の新しいノートコンピュータは、従来機に比べて20%高速に動作します。さらに、リサイクル可能な部品を使っているので環境にも優しいのです。]

とすれば、「高速動作」が最大の特徴であることがわかります。読み手に「高速動作」をより、印象づけられるのです。

●関係代名詞を使うと主従が明確になる

関係代名詞で文と文をつなげると、2文間の主従がはっきりするので、焦点が明確になります。また、単文が羅列していると、幼稚な印象を与えてしまいますが、関係代名詞を使うことで、それを防止できます。

たとえば、次のような英文を検討してみましょう。

AMD K6-2 400 features a voltage regulator and fan, and it sells for about $250.

[AMD社のK6-2 400は、電圧調整器とファンを組み込んでいるのが特徴であり、約250ドルである。]

この文では、「電圧調整器とファンを組み込んでいる」ということと、「約250ドルである」という2つのことを並列しています。したがって、どちらが言いたいのかよくわかりません。また、単文がandで接続されているので、幼稚な印象を与えてしまいます。

もし、「電圧調整器とファンを組み込んでいる」ことが言いたいのであれば、次のように関係代名詞で接続します。

AMD K6-2 400, which sells for about $250, features a voltage regulator and fan.

もし、「約250ドルである」ことが言いたいのであれば、次のように関係代名詞で接続します。

AMD K6-2 400, which features a voltage regulator and fan, sells for about $250.

このように、関係代名詞には、主従をはっきりさせることで文の焦点を明確にする効果があります。また、単文が羅列されなくなるので、幼稚な印象を与えなくなります。

● 無意味な関係代名詞に注意

関係代名詞は、先に述べたように、焦点を明確にする効果がありますが、乱用してはなりません。関係代名詞を使わなくても、同様の効果を出せる場合もあるからです。このようなときに関係代名詞を使うと、文が冗長になってしまいます。

たとえば、次のような英文を検討してみましょう。

Mr. Smith, who was a sales manager, retired last week.

[スミスさんは営業課長でしたが、先週定年退職されました。]

この文のような「関係代名詞＋be動詞」は、ほとんどの場合、そのまま削除しても意味がまったく変わりません。この文は、以下のように書き換えるべきです。

Mr. Smith, a sales manager, retired last week.

しかし、「関係代名詞＋be動詞」が必要な場合もあります。次の英文は「より複雑なIC」なのか「複雑なICをより多く」なのかわかりません。

to design more complicated ICs

このように意味が曖昧になってしまうときは、「関係代名詞＋be動詞」を使うことがあります。

to design ICs that are more complicated
［より複雑なICを設計する］

to design more ICs that are complicated
［複雑なICをより多く設計する］

「関係代名詞＋be動詞」を使う場合は、削除できないか、もう一度確認しましょう。

● 従属文を名詞化して文を引き締める

従属文を名詞化して主文につなげると、主従／因果関係が明確なうえ、論文などに適した堅い口調になります。

たとえば、次のような英文を検討してみましょう。

Advanced linguistic technology is used and you can ask questions in plain English.

［先端言語技術が使われていて、平易な英語で質問できます。］

この文は、andで2文が結ばれていますので、焦点がぼけています。また、単文が羅列されているので幼稚な印象を与えるばかりか、2文の因果関係がよくわかりません。

この文を、接続語句を使って、主従／因果関係が明確になるように書き換えると、以下のようになるでしょう。

Because advanced linguistic technology is used, you can ask questions in plain English.

さらに、従属文を名詞化して主文につなげると、主従／因果関係が明確なまま、堅い口調になります。

Using advanced linguistic technology enables you to ask questions in plain English.

論文などでは堅い口調が好まれますので、従属文を名詞化して主文につなげることも覚えておきましょう。

3 好感を与えるよう表現する

この章のポイント

失礼にならないように依頼するには、どの表現がどのくらい丁寧か、失礼かを知らなければなりません。また、ちょっと表現を工夫するだけで、穏やかな口調になったり、文章の印象を変えたりできます。

3.1 丁寧度を知ればあらゆる状況に対応できる

どういう表現が丁寧で、どういう表現がトップダウン的かを知っていれば、無理な依頼もできますし、逆に督促などできつい要求もできます。相手にこちらの意図どおりのアクションをとってもらえるのです。また、相手を不快にさせずにコミュニケーションできるのです。

● 依頼するときは丁寧度を使い分ける

日本の学校教育では、丁寧な表現を正しく教えないために、多くの日本人が失礼な言い方を丁寧な言い方と誤解しています。失礼な言い方をしがちなのが依頼文です。

どのような丁寧度で依頼するかは、日本語も英語も大差ありません。丁寧度は、依頼先との社会的関係と、依頼する内容によって変わるのです。特別な依頼内容でなくても、相手が会ったこともない顧客であれば、丁寧度はかなり高くなります。一方、同じような依頼でも、席を並べている同僚に対してなら、丁寧度は下がります。

適切な丁寧度で依頼するには、どのような表現がどのくらい丁寧なのかを知らなければなりません。

●使わないほうがよい表現

次のような表現は、ごく親しい間柄でしか使わないか、目上の者が目下の者に対して使います。日本にいながらこのような表現を使うことはまずありません。使わない表現として覚えておいてください。

I want you to inform me of the price.

一方的な要求です。ビジネスで使うことはありません。

Will you inform me of the price?

夫婦や兄弟、親友など、ごく近しい間柄で使う表現です。ビジネスで使うことはありません。

Would you kindly inform me of the price?

kindlyは皮肉になることがあります。どう使うと皮肉になるかはノンネイティブにはわかりにくいので、ビジネスで使うのは避けたほうが賢明です。日本人の書く英文で時々見かけますので注意してください。

I'd like you to inform me of the price.

トップダウン的で、社内で目下の者に対して使う口調です。したがって、一般の日本人がビジネスで使うことはありません。日本人の書く英文でよく見かけますので注意してください。

●条件つきで使える表現

次の表現は、限られた条件で使えます。逆にその条件を満たさないときに使うと、失礼になります。使える条件とともに覚えておきましょう。

Inform me of the price.

とてもきつい命令です。しかし、手順を示すようなときは、習慣上、この形を使います。手順を示すときに、pleaseを使うと、習慣に反しますので、奇異な感じがすることがあります。

Please inform me of the price.

状況によってはきつい表現に取られることがあります。顧客の立場で、日常的な要求をする場合のみに使用するのが無難です。多くの日本人が、無条件で丁寧であると誤解している表現です。

●普通に使える表現

次の表現は、最も汎用的に使える安全な表現です。多くの場合、この表現を使っておけば失敗しないですみます。特に Could you... は、ほかの2つよりも丁寧で、最も無難といえます。

May I ask you to inform me of the price?

Would you please inform me of the price?
Could you please inform me of the price?

●とても丁寧な表現

次の表現は、とても丁寧な表現です。特別な依頼のときや初対面の人に依頼するときなどに使います。丁寧度が高いので、督促などには使えません。また、同僚などある程度親しい間柄で使うと、とても奇異な感じがしますので注意してください。

I wonder if you could inform me of the price.
I would appreciate your informing me of the price.
I would appreciate it, if you could inform me of the price.

よい辞書を使おう

よい文章を書くには、よい辞書が必要です。絶えず手元によい辞書を置いておきたいものです。使い慣れているからとか、どうせ単語の意味はどの辞書でも同じだからという理由で、辞書に無頓着になっていると大きな損をします。

英文を書くためには、ライティングに役立つように配慮された辞書が必要です。具体的には、8万語前後の語彙で3000円程度のものです。ポケット版は、持ち運びには便利ですが、掲載内容が少ないので、書くためには参考になりません。また、十数万語も掲載されている卓上版の辞書は、語数が多いので英文を読むには適していますが、例文の掲載が少なく用法の説明も貧弱なので、書くためには不向きです。さらに、用法が豊富でも高価なものは、大きく重いので、一般の方には実用的ではありません。

辞書はなるべく新しいものをお勧めします。改版（およそ5～6年ごと）のたびに買い替えて、最新のものを使うようにしましょう。新しい辞書には、最新の言葉が載っていますし、新しい便利な工夫も施されています。辞書はその情報量の割には、とても安価なので、わずかな出費を惜しまないようにしましょう。

例文が豊富なのは当然として、どのようにその語を使うかの説明が詳しいことも大事です。たとえば、後に続くのは動名詞／to不定詞のどちらか、類義語とのニュアンスの差、間違いやすい使い方への注意喚起などです。言葉の意味を知るだけでなく、参考書として使えるようなものがよい辞書です。

辞書は、ゴルフではクラブ、テニスではラケットに相当します。よいプレーにはよい道具が必要です。弘法は筆を選ぶのです。

3.2 ちょっとした工夫で穏やかな口調になる

間接的な言い方をしたり、主語を変えたりするだけで、口調がずっと穏やかになります。このコツを知らないと、知らぬ間に相手に不愉快な思いをさせてしまったり、失礼なヤツと思われたりします。

● 依頼のときは理由も述べる

日本人は依頼を直接書かないことがあります。依頼を直接的に表現するのが失礼に当たるように感じるからでしょう。そのため、「よろしくお願いします」のような言葉でお茶を濁します。

英語では、依頼は直接書かなければなりません。「よろしくお願いします」的な英語では、「何を言っているのかわからない」と思われかねません。

しかし、依頼だけを書いたのでは、一方的すぎて失礼になることがあります。そこで、依頼するときは理由も一緒に述べるようにします。正当な理由があれば、相手は快く協力してくれるものです。

たとえば、クライアントに報告するために必要な情報を、第三者に送ってもらうような状況を考えましょう。クライアントに対する締め切りがありますので、「いついつまでに送ってほしい」という言い方になります。このようなときは、理由も一緒に述べると口調が穏やかになります。

Could you send the information by July 10? I have to report the issue to my client by July 15.

[その情報を7月10日までに送っていただけないでしょうか。例の件について、7月15日までにクライアントに報告しなければならないのです。]

● 間接的に依頼する

地位がある程度高い相手に対して依頼する場合は、間接的な依頼が効果的です。相手に作業を依頼するのではなく、スタッフに作業させるよう依頼するのです。

たとえば、先と同じように、クライアントに報告するために必要な情報を、第三者に送ってもらうような状況を考えましょう。ここで、この第三者の地位がある程度高い場合は、次のような間接的な依頼をすると効果的です。

Could you have one of your staff send the information by July 10? I have to report the issue to my client by July 15.

[その情報を7月10日までに送るよう、スタッフの方に言っていただけないでしょうか。例の件について、7月15日までにクライアントに報告しなければならないのです。]

● **youを主語にしない**

否定的な内容のときに、youを主語にすると相手を非難するニュアンスが加わるため、きつい口調になります。否定的な印象のある文面ではyouを主語にするのは避け、一人称や無生物を主語にします。

たとえば、次のような文章*11を検討してみましょう。

On June 30, three weeks before my guest's scheduled departure I ordered the Johnson Pump from Oceanside Supply by telephone and was assured that the pump would arrive within seven working days. The pump actually arrived only after 16 working days, one day after my guest's departure.

[当社のお客様が出発する予定の3週間前の6月30日に、私は電話でジョンソンポンプをオーシャンサイドサプライに注文しました。そのとき、ポンプは7営業日以内に届けると約束していただきました。しかし、ポンプが実際に届いたのは、16営業日後で、お客様が出発された1日後だったのです。]

ここで注意すべきは、and was assured that the pump would arrive within seven working days. と受動態になっている点です。この文を能動態にすると、and you assured

*11 Merriam-Webster Inc., *Webster's New Business Writers Guide*, SMITHMARK Publishers, 1988

that the pump would arrive within seven working days.
のようにyouが主語になります。これでは、「あなたは約束してくれたのに、荷物は約束の日までに届かなかった」と、相手を非難するようなニュアンスがでてきます。このため、口調がきつくなるのです。

口調をどの程度きつくするかは、相手との人間関係や状況に応じて変わります。日本語でも同じですが、最初は丁寧にアプローチして、らちがあかないようなら、きつい口調にします。

●直接的に表現しない

相手にとって都合の悪いことを直接的に言うと、相手のメンツをつぶしてしまったり、失礼になったりします。間接的な表現を使うとあたりが柔らかになります。

たとえば、相手の主張が間違っていると感じたとき、You are wrong. という表現を使うと、とてもきつい口調となります。議論の後にしこりを残しかねません。このときは、You may be right, but... のように表現すると口調が穏やかになります。

同様に異なる意見を述べるときは次のようになります。

きつい口調
I disagree with you.
I do not agree with you.

穏やかな口調
I have another opinion.
I almost agree with you.

また、日本人のよく使う as you know という表現も、断言しているので失礼になることがあります。このように断言してしまうと、「知らない人は非常識だ」と言っているようなものです。万一、そのことを知らない人がいた場合、その人を傷つけてしまうことになります。

as you know という表現は、なんら有益な情報を読み手や聞き手に与えませんので、そのまま削除しましょう。どうしても使いたいときは、as you may/might know を使うようにします。

●肯定で述べる

否定で述べると、時としてきつい口調になります。このような場合、肯定で述べると、口調が穏やかになることがあります。

たとえば、店舗内での顧客の飲食を禁止する状況を考えてみましょう。日本語なら、「店内飲食禁止」と書くでしょう。これをそのまま英語にすると、Do not eat or drink. となります。しかしこれはいかにもきつい口調です。実際、英語圏でこのような注意書きを見ることはありません。

多くの場合、次のような表現が使われます。肯定で書いてあるために、口調がぐっと穏やかになります。

Please enjoy your food and drinks outside.

誤って広まった表記

カタカナ英語と同じように、英語圏での表記が日本に導入されていく過程で、誤って広まってしまったものがあります。

そのひとつは箇条書きにおけるコロンの使い方です。日本人の多くは、コロンを位置的にそろえようとしますが、英語的にはコロンを項目の直後に置くのが正しい表記です。

日本式

CPU	: 80486 or faster
Memory	: Minimum 16Mb
OS	: Windows 95 or later

英語式

CPU:	80486 or faster
Memory:	Minimum 16Mb
OS:	Windows 95 or later

また、略語を書くときは、スペルアウトしてから括弧つきで省略形を書くのが本来の英語での表記です。しかし、日本では多くの方が逆にしています。

日本式

LSI（Large Scale Integrated circuit）

英語式

Large Scale Integrated circuit（LSI）

いずれも、もとは英語圏での表記ですから、英語式の表記を採用すべきです。

3.3 表現を工夫すれば印象が変わる

読み手あるいは書き手にとってよくない情報でも、表現を工夫することで、マイナスのイメージを減らせます。これによって、相手を不快にさせずに、あるいは悪い印象を与えずにコミュニケーションできるのです。

● 自分に都合の悪い情報では一人称を主語にしない

自分たちにとってマイナスのイメージのある情報を発信する場合は、一人称を主語にせず、仮主語や無生物主語を使います。なぜなら、主語は話の中心なので、マイナスのイメージのある情報で一人称を主語にすると、読み手が主語に対してマイナスのイメージを持つからです。仮主語や無生物主語を使えば、自分たちに向けられるマイナスのイメージを和らげることができます。

たとえば、支払いの遅れから現金でのみ取引をしたいと通知するときを考えてみましょう。

悪い例

Regretfully, we'd like to ask you to make future purchases on a cash only basis until your account is cleared.

よい例

Regretfully, it is necessary to ask you to make future purchases on a cash only basis until your account is cleared.

よい例の文では、仮主語を使うことでweという意味上の主語を消しています。これによって、weに対するマイナスのイメージを低減できるのです。

また、一人称を主語にしたい場合は、受動態にするとマイナスの責任を転嫁できるので、効果的です。

悪い例
Due to an increase in our material costs, we will increase the prices of all our products by 5.0 percent.

よい例
Due to an increase in our material costs, we are forced to increase the prices of all our products by 5.0 percent.

よい例の文では、we are forced とすることで、値上げの責任を、原料費を値上げした側に押しつけています。このような表現でも、weに対するマイナスのイメージを低減できます。

● 自分に都合のよい情報では一人称を主語にする

これとは逆に、プラスのイメージのある情報では、積極的に一人称を主語にします。これによって、weに対するプラスのイメージを植えつけるのです。

よい例

We are pleased to announce a price reduction of 5.0 percent on all our products.

[当社の全商品について、価格を5%引き下げることをお知らせいたします。]

● 悪い情報はよい印象になるように表現を工夫する

マイナスのイメージのある情報でも、表現を工夫すればプラスのイメージの情報になります。特に、次のような点に注意して表現を工夫します。

・自分たちのメリットではなく、相手のメリットを訴える
・「～しないと（すると）デメリットがある」ではなく、「～すると（しないと）メリットがある」と訴える
・否定ではなく肯定で述べる

たとえば、クレジットの支払いが大幅に遅れている人に対して、支払いを促す場合を考えてみましょう。

悪い例

You will damage your credit rating, unless you clear your account by May 12.

よい例

You can preserve your excellent credit record, if you clear your account by May 12.

悪い例の文では、「支払わなければ、信用情報に傷がつく」と述べ、よい例の文では、「支払えば優良な信用情報が維持できる」と述べています。意味的には同じですが、読み手の印象は、後者のほうがずっとよくなります。

また、コスト削減のため、ダース単位でないと出荷しない場合を考えてみましょう。

悪い例
To save our costs, we ship by the dozen.

よい例
To keep down the customer's packaging and shipping cost, we ship by the dozen.

悪い例の文では、「我々のコスト節約のため」と述べているのに対して、よい例の文では、「顧客の包装および出荷手数料を値上げしないため」と述べています。同じことを述べているのですが、後者のほうは顧客のことを考えているというよい印象を読み手に与えられます。

● 悪い情報はよい情報で包む

マイナスのイメージのある情報を発信する場合は、プラスのイメージのある情報で挟むと、マイナスのイメージが軽減されます。文章の先頭にマイナスのイメージのある情報が来ると、文章全体のイメージが悪くなります。同様に、文章の最後にマイナスのイメージのある情報が来ても、文章全体のイメージが悪くなります。そこで、マイナスのイメージの情報は、できるだけ文章全体の中程に入れ込んでしまうのです。

さらに、パラグラフの中でも、マイナスのイメージのある情報の前後には、できるだけプラスのイメージのある情報を述べるとマイナスのイメージが弱まります。

たとえば、求人に応募してきた人に断りを入れる場合を検討してみましょう。

よい例

Thank you for giving us the opportunity to consider you for employment.

After we have carefully reviewed your background and qualifications, we find that we do not have a suitable position for you at this time. If we have an opening, however, we will be in touch with you.

We appreciate your interest in ABC Company and wish you success in your search.

[採用を検討する機会を与えてくださってありがとうございました。

貴殿の経歴と能力を慎重に検討した結果、現状では貴殿の力をいかせるポストがないと判断いたしました。しかし、もしそのようなポストが生じましたら、こちらからご連絡差し上げます。

ABC会社に興味を持っていただき大変うれしく存じます。貴殿の求職活動が成功しますよう祈っております。」

この文章では、マイナスのイメージのある情報が、プラスのイメージのある情報に挟まれています。つまり、不採用というマイナスのイメージの文が、第2パラグラフの中程にあるのに対して、第1、第3パラグラフはお礼というプラスイメージの情報です。

さらに、マイナスのイメージの情報を、できるだけプラスのイメージにしようとしている点に注意してください。断る理由を「能力がないから」とせず、「適切なポストがないから」としています。さらに、「適切なポストができたら、こちらから連絡する」とも述べています。

ちなみに、「適切なポストができたら、こちらから連絡する」というのは、もちろん社交辞令です。雇用側にそんな意志はありませんし、応募側もそんな期待はしません。「こちらから連絡する」というのは、「そちらからは連絡するな」ということを間接的に述べているともいえます。

● you attitudeで書く

書き手の目的や要求を達成するように書くのではなく、同じ内容でも、読み手の目的や要求を達成するように書きます。これは、一般に you attitude と呼ばれています。

たとえば、現金払いなら特別値引きがあることを通知する場合を検討してみましょう。

悪い例
We allow a 15% discount to people paying us in cash.

よい例
If you pay in cash, you can get a 15% discount.

悪い例の文は、weが主語になっているので押しつけがましい感じですが、よい例の文では、youが主語になっているので特典が引き立ちます。

また、商品出荷を通知する場合を検討してみましょう。

悪い例
We are happy to have your order. We shipped it this morning.

よい例
You will receive your Falcon Computer by

Tuesday, October 23.

この場合、顧客が知りたいのは、いつ出荷したかではなく、いつ自分のところに届くかです。よい例の文のほうが顧客の要求を満たしているわけです。

第3部

こういう英文なら誰でも書ける

誰でも書けるような簡単な英文でも、コミュニケーション技術さえ身につけていれば、立派な文章となります。ここでは、そのような文章の具体例を示すとともに、どのような工夫がなされているかを解説します。なお、ここで紹介する例では、コミュニケーション上問題のない些細な文法ミスや言い回しのぎこちなさは、故意に修正していません。

- 製品紹介
- 提案書
- 技術報告
- 論文
- エッセイ
- 拒絶通知
- 依頼

第3部の目的と利用法

第3部の目的は、「第2部 英語がすらすら書けるコツ」で説明した書き方で文章を書くと、どんな英文になるかを体感することです。誰にでも書けそうな平易な英文でも、コミュニケーション能力の高い、立派な英文になることを確認してください。

ここでは、ある背景をもとに書かれた文書例を示しています。いずれの文章も、ネイティブ特有の言い回しや難しい単語などは使わず、平易な英文で書かれています。したがって、専門用語を除けば、辞書なしでも大意がつかめると思います。

英文と対訳に続いて「ポイント解説」しています。ここでは、これらの文章が、いかに「第2部 英語がすらすら書けるコツ」で説明した書き方に基づいて書かれているかを解説しています。

まず、英文をざっと読んで、大意をつかんでください。必要であれば、対訳もご利用ください。次に、「ポイント解説」で指摘していることを、文書例で確認してください。必要であれば、「第2部 英語がすらすら書けるコツ」に戻って復習してみてください。平易な英文でも立派な文章が作れることを確認できるはずです。

1 製品紹介

背景

最近開発したPERSEUSというノートパソコンに対し、ある顧客が、営業部門にノートパソコンを導入すべく、ライバル会社の競合製品SCORPIONとの差をE-mailで問い合わせてきました。その問い合わせに対する回答を作成します。（PERSEUSとSCORPIONの比較表は71〜72頁に掲載）

文書例

Thank you for your interest in our new product, PERSEUS. **The PERSEUS** weighs only 1.5kg, 25% less than the SCORPION. **The PERSEUS** operates for 4 hours on a rechargeable battery, 33% longer than the SCORPION. Furthermore, **the PERSEUS** is equipped with a 14″ display. Therefore, **the PERSEUS** is best for sales staff. 総論

The PERSEUS is more portable. **The PERSEUS** weighs only 1.5kg while **the SCORPION** weighs 2.0kg. **The PERSEUS** weighs 25% less than the SCORPION. **The portability** is the most important criteria for road warriors. **You** can take the PERSEUS anywhere, anytime in your briefcase. 軽量

The PERSEUS operates for longer hours. **The PERSEUS** operates for 4 hours on a rechargeable battery, while **the SCORPION** operates for 3 hours. **The PERSEUS** operates 33% longer than the SCORPION. **You** can use the PERSEUS through two two-hour meetings a day without recharge.

長電池寿命

The PERSEUS is equipped with a larger size display. **The PERSEUS** is equipped with a 14inch TFT display, while **the SCORPION** is equipped with a 12inch display. **You** can make a presentation for your customers with the PERSEUS' wide display.

大型ディスプレイ

If you need any further information, please don't hesitate to contact me.

慣用的挨拶

Attachment: Comparative table of PERSEUS and SCORPION（表は省略）

下線部：　要約文
ゴシック：　主語

【対訳】
当社の新製品ペルセウスにご関心をいただきありがとうございます。ペルセウスは、わずか1.5kgとスコーピオンより25%も軽量です。また、充電池で、スコーピオンより33%も長く4時間動作します。さらに、ペルセウスは14インチのディスプレイを有しています。したがって、営業部門のスタッフ用のパソコンに最適と存じます。

ペルセウスは携帯性に優れています。スコーピオンが2.0kgであるのに対して、ペルセウスはわずか1.5kgです。つまり、25%も軽量です。携帯性は営業スタッフにとって最も重要な選択基準です。ペルセウスであれば、いつでも、どこでも、鞄に入れて持ち運べます。

ペルセウスは長時間動作します。充電池で、スコーピオンが3時間しか動作しないのに対して、ペルセウスは4時間も動作します。つまり、33%も長く動作するのです。ペルセウスであれば、1日に2時間の会議が2つ続いても、再充電することなく使えるのです。

ペルセウスは大画面のディスプレイを備えています。スコーピオンのディスプレイが12インチであるのに対して、ペルセウスのディスプレイは14インチのTFTタイプです。ペルセウスであれば、大画面のディスプレイで、顧客にプレゼンテーションできます。

さらに情報が必要な場合は、遠慮なくご連絡ください。

ペルセウスとスコーピオンの比較表を添付。

ポイント解説

全体は、右図のように構成され、各トピックが、それぞれ1つのパラグラフに割り振られています。しかも、3つの特徴を、営業部門が使ううえで、最も重要と思われる順に述べています。(「第2部 英語がすらすら書けるコツ」の「1.1 パラグラフ単位で考えれば論理的にすらすら書ける」：66頁参照)

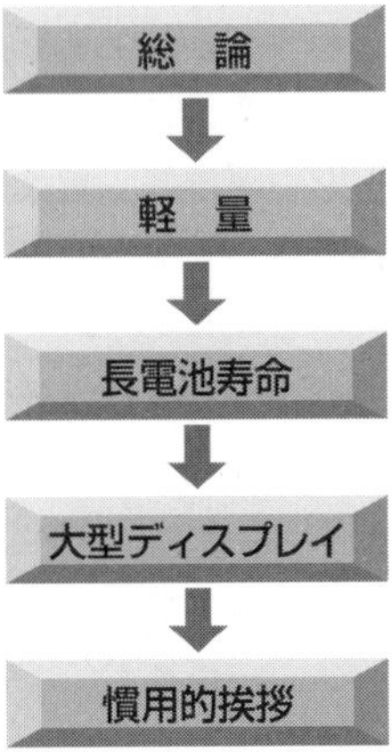

最初のパラグラフで、文章の要点をまとめた総論を述べています。さらに、各論の各パラグラフ（第2～4パラグラフ）の先頭には、次のようなtopic sentenceをおいています。(「第2部 英語がすらすら書けるコツ」の「何を述べるかから始めれば伝わりやすい」：74頁参照)

The PERSEUS is more portable.
The PERSEUS operates for longer hours.
The PERSEUS is equipped with a larger size display.

各論の各パラグラフ（第2〜4パラグラフ）が、次の内容でパラレリズムをなしています。（「第2部 英語がすらすら書けるコツ」の「1.3 パラレリズムを使えば書く負担がずっと減る」：84頁参照）

1. 要約文
2. 詳細データとSCORPIONとの比較
3. その特徴がなぜ重要かの理由

キーワードであるPERSEUSを、文章全体を通じて、主語にしています。主語を変えるときには、portabilityやyouといった既知の情報を新しい主語にしています。未知の情報が文頭に来ることはありません。（「第2部 英語がすらすら書けるコツ」の「2.1 既知から未知へと流せば文がつながる」：92頁参照）

furthermoreやwhileといった接続語句が効果的に使われています。（「第2部 英語がすらすら書けるコツ」の「2.2 接続語句を使えば読み手の負担が減る」：102頁参照）

2 提案書

背景

犯罪が起こったとき、その場所をCRT上に地図を使って表示する装置を、警察庁用に開発しようとしています。その開発にあたり、最適なイメージプロセッサーを、6種類のプロセッサーの中から推奨します。

文書例

Foreword

To meet the needs of the National Police Agency, **Japan ABC Co. (JAC)** must develop map display equipment which can decompress and display compressed maps on a cathode ray tube (CRT) quickly. At this time, **JAC** does not produce an image processor which can compress and decompress images. **Mr. Oguma**, the design team manager, has asked me to select the best processor on the market. **The purpose of this report** is to show the results after comparing six processors, and to recommend Bluewave's BWS8429.

総論
（目的）

Summary

I have compared the processing speed, compatibility, delivery, sample price, and the packaging of six microprocessors made by six different companies. (refer to table 1) As a result, **I** have found that the BWS8429 is the best processor because it has the second highest processing speed which meets the speed specifications, it can be operated easily, and it can be delivered immediately. Although the price is somewhat expensive, **the processing ability, the compatibility with the host processor (BR4200), and the delivery time** outweigh the high cost. Therefore, **I** recommend using Bluewave's BWS8429.

総論
（要約）

Details

The National Police Agency is planning to install new map display equipment which will retrieve and display a map quickly on a CRT in front of dispatchers when accidents, robberies, and murders occur. By watching the map, **dispatchers** in police stations will be able to inform police officers in patrol cars where the accidents occur. To meet the needs of the agency, **JAC** must develop the display. Therefore, **JAC** decided to buy and use the best processor already existing on the market.

背景
詳細

1. Processing Speed

Bluewave's BWS8429 and Marine's MAR88252 have almost the same high processing ability and are the only two processors which meet the specification of decompressing a picture within 0.2 seconds. **The two processors** can decompress a picture within 0.11 seconds and 0.09 seconds respectively. The processing ability of the other processors is much lower than that of these two. Because only Bluewave's BWS8429 and Marine's MAR88252 meet the speed specification, **these two processors** are compared below.

処理速度

2. Compatibility

The BWS8429 is compatible with Microhard's BR4200, which we have often used before. Therefore, **the BWS8429** can be operated easily by modifying and installing one of the programs which we have already developed. **The MAR88252** is compatible with Outtel's C3D2. Therefore, to use the MAR88252, **a new program** must be developed.

互換性

3. Delivery

The BWS8429 can be delivered immediately. However, **the MAR88252** cannot be delivered until April, 2001.

納品性

4. Sample Price

The BWS8429 is a little bit more expensive than the MAR88252. **The BWS8429 and the MAR88252** cost $35.00 and $30.50, respectively. However, **the price** is reduced when purchased in mass. For example, if more than 10,000 processors are bought, **the price** is reduced to half of the sample price.

サンプル価格

5. Packaging

The packaging of the BWS8429 and the MAR88252 is almost the same in size. **The BWS8429 and the MAR88252** use QFP 100 and QFP 120, respectively.

パッケージ

Conclusion

I recommend using the BWS8429 because the processor meets the speed specification, can be run easily, and can be delivered immediately. **The price of the BWS8429** is the second most expensive; however, the

結論

price can be reduced by purchasing in mass.

（Table 1 は省略）

下線部：　要約文
ゴシック：主語

【対訳】

はじめに

警察庁の要求により、地図の圧縮データを解凍し、ディスプレイに瞬時に表示する地図表示装置を、日本ABC会社（JAC）が開発することになりました。現在、JACは、画像を圧縮解凍するイメージプロセッサーを生産していません。そこで、設計チームのマネージャーの小熊氏が、市販のプロセッサーから最適なものを選択するよう依頼してきました。本報告書の目的は、6種のプロセッサーを比較した結果を報告し、ブルーウェーブ社のBWS8429を推奨することです。

要約

6社による6種類のプロセッサーについて、処理速度や互換性、納品期日、サンプル価格、パッケージを比較しました（表1参照）。その結果、BWS8429が最適と判断しました。なぜなら、BWS8429は、動作速度の仕様を満足したうえで2番目に高速で、操作が容易で、直ちに納品できるからです。価格はやや高めではあるものの、動作速度やホストプロセッサー（BR4200）との互換性、納品に要する期間を考慮すると、総合的に最も優れています。したがって、ブルーウェーブ社のBWS8429を推奨します。

詳細
警察庁は、新しい地図表示装置の設置を計画しています。その装置は、事故や強盗、殺人が起きたときに、瞬時に地図を取り出し、通信部員の前のディスプレイに表示するものです。地図を見ることで、警察署内にいる通信部員が、パトカーの警察官にどこで事件が起きたかを通知できます。警察庁の要求を満たすべく、JACがこの地図表示装置を開発することになりました。そこで、JACはすでに市販されている最適なプロセッサーを購入し使用することにしました。

1. 処理速度
ブルーウェーブ社のBWS8429とマリーン社のMAR88252はほぼ同じ処理速度で、この2種のみが、1画像あたりの解凍処理時間0.2秒という仕様を満足します。この2種のプロセッサーが1画像を解凍するのに要する時間は、それぞれ0.11秒、0.09秒です。他のプロセッサーの処理速度は、この2種に比べるとかなり遅くなります。ブルーウェーブ社のBWS8429とマリーン社のMAR88252だけが、速度仕様を満足しているので、これ以降はこの2種を比較します。

2. 互換性

BWS8429には、当社がこれまでよく使っていたマイクロハード社のBR4200と互換性があります。したがって、当社がすでに開発したプログラムを改良してインストールすれば、容易に使えます。MAR88252は、アウトテル社のC3D2と互換性があります。したがって、MAR88252を使うには、新たにプログラムを開発しなければなりません。

3. 納品性

BWS8429は、直ちに納品できます。しかし、MAR88252は2001年の４月まで納品できません。

4. サンプル価格

BWS8429は、MAR88252よりやや高価です。BWS8429は35ドルで、MAR88252は30.5ドルです。しかし、価格は大量購入により下げられます。たとえば、１万個以上購入すれば、サンプル価格の半額になります。

5. パッケージ

BWS8429とMAR88252のパッケージはほぼ同じ大きさです。BWS8429はQFP100で、MAR88252はQFP120です。

結論

処理速度の仕様を満たしていること、容易に動作させられること、直ちに納品できることにより、BWS8429を推奨します。価格は2番目に高いものの、大量購入することで下げられるはずです。

ポイント解説

全体は、右図のように構成され、各トピックが、それぞれ1つのパラグラフに割り振られています。しかも、比較した結果は、プロセッサー選択のうえで重要と思われる順に述べられています。(「第2部　英語がすらすら書けるコツ」の「1.1 パラグラフ単位で考えれば論理的にすらすら書ける」：66頁参照)

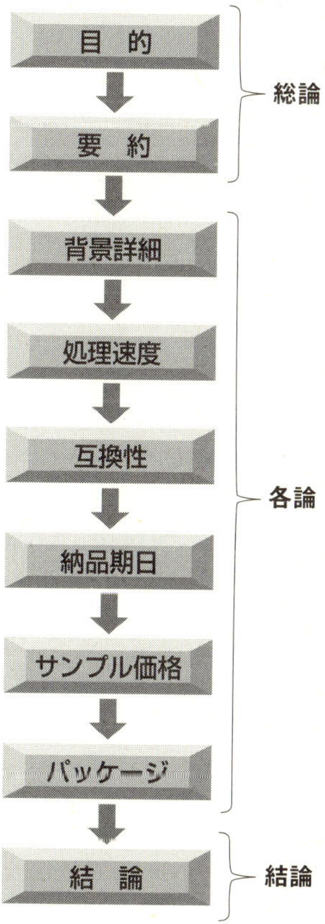

最初の2つのパラグラフで、文章の目的と要点をまとめた総論を述べています。さらに、各論の各パラグラフの先頭には、次のようなtopic sentenceをおいています。(「第2部　英語がすらすら書けるコツ」の「1.2 何を述べるかから始めれば伝わりやすい」：74頁参照)

The National Police Agency is planning to install new map display equipment...

Bluewave's BWS8429 and Marine's MAR88252 have almost the same high processing ability...

The BWS8429 is compatible with Microhard's BR4200...

The BWS8429 can be delivered immediately.

The BWS8429 is a little bit more expensive than the MAR88252.

The packaging of the BWS8429 and the MAR88252 is almost the same in size.

キーワードであるBWS8429を、文章全体を通じて、主語にしています。主語を変えるときには、MAR88252やthe processing abilityといった既知の情報を新しい主語にしています。未知の情報が文頭に来ることはありません。(「第2部 英語がすらすら書けるコツ」の「2.1 既知から未知へと流せば文がつながる」：92頁参照)

as a resultやtherefore、for exampleといった接続語句が効果的に使われています。(「第2部 英語がすらすら書けるコツ」の「2.2 接続語句を使えば読み手の負担が減

る」：102頁参照）

随所で関係代名詞が、主従関係を明確にして2文を接続するために使われています。「関係代名詞＋be動詞」で代表される不要な関係代名詞はありません。（「第2部 英語がすらすら書けるコツ」の「2.3 主従を明確にすれば言いたいことが強調できる」：111頁参照）

PCに注意

PCとは、political correctnessの略で、人種、性別、環境などの問題に関連した、正しい言葉遣いを指します。多くの場合、女性差別や障害を持った人たちへの差別、少数民族に対する差別をなくそうとする言葉遣いです。

1980年代終わりから、急速に広まり、今では女性または男性を意味するような職業名は死語となりました。(「付録A. 英文の質を上げる10のtips」の「9. 性差別のない表現」：206頁参照)

同様に、身体障害に関わる言葉も、言い換えが進みました。最近では、handicappedという言葉も、disabledに言い換えられるようになりました。

crippled → handicapped → disabled
blind → visually impaired, sight-impaired
deaf → hearing-impaired

また、少数民族に対する呼称も言い換えられています。

black → African-American
Oriental → Asian-American
Indian → Native American

しかし、あまりに行き過ぎた面もあるため、疑問視される言い換えもあります。次のような言い換えを使う人もいますが、まだ一般的とは言えません。時として、行き過ぎたPCの代表として紹介されることもあります。

disabled → physically challenged, differently abled
woman → womyn
bald → follically challenged

3 技術報告

背景

ClearEyesというソフトウェアの第2.0版をリリースすべく、ベータテストを実施してきました。その結果、インストール指示書に問題があることがわかりました。その問題について報告します。

文書例

With complaints from beta-testers of ClearEyes Version 2.0, **I** checked the installation instructions. As a result, **I** have found two errors that must be corrected before we release Version 2.0.

総論

We are planning to release ClearEyes Version 2.0 on September 1, 2000. In advance of the release, **we** have been beta-testing Version 2.0 with volunteer customers for the last two months. However, **we** have already received five complaints from the beta-testers that the program was impossible to install.

現状説明

I tried installing the software on one of our PCs and discovered that the software instructions have two errors that make

調査結果概要

the installation difficult.

1. **The installation instructions** tell nothing about the older versions, although they must be deleted before the installation. When **customers** install Version 2.0 without deleting the older versions, although the installation completes normally, **the program** will be freezed at the start-up. 問題 1

2. **Step 5** says, "Press the ALT and F12 keys" although it should say, "Press the ALT and F12 keys consecutively". When **customers** press the ALT and F12 keys simultaneously, **the system** shuts down. **The computer** then has to be rebooted and **the installation** restarted. 問題 2

We have to fix these two problems before the formal release. Furthermore, after fixing the problems, **we** should continue the beta test to confirm its effectiveness. 今後のアクション

下線部：　要約文
ゴシック：主語

【対訳】
クリア・アイ第2.0版のベータテスターの不満を受け、インストール指示書をチェックしました。その結果、第2.0版をリリースする前に解決すべき2つの誤りを見つけました。

当社は、クリア・アイ第2.0版を2000年9月1日にリリースしようと計画しています。リリースに先立ち、募集した顧客とともに第2.0版のベータテストを、過去2ヵ月にわたり進めてきました。しかし、ベータテスターから、インストールできないという苦情をすでに5件いただいています。

そこで、本ソフトウェアを1台のパソコンにインストールしてみたところ、指示書には2つの誤りがあり、そのためにインストールが困難になっていることがわかりました。

1. 旧版のプログラムは、第2.0版をインストールする前に削除しておかなければならないにもかかわらず、インストール指示書は旧版のプログラムについて何も指示していません。旧版のプログラムを削除せずにインストールすると、インストールは正常に終わるものの、第2.0版の起動時にフリーズしてしまいます。

2. 手順5では、「ALTキーとF12キーを順に押します」

とすべきなのに、「ALTキーとF12キーを押します」となっています。ALTキーとF12キーを同時に押すと、システムがシャットダウンしてしまいます。その後再起動して、インストールが再び始まります。

正式リリース前に、この２つの問題を解決しなければなりません。さらに、解決後もベータテストを続けて、その効果を確認すべきです。

ポイント解説

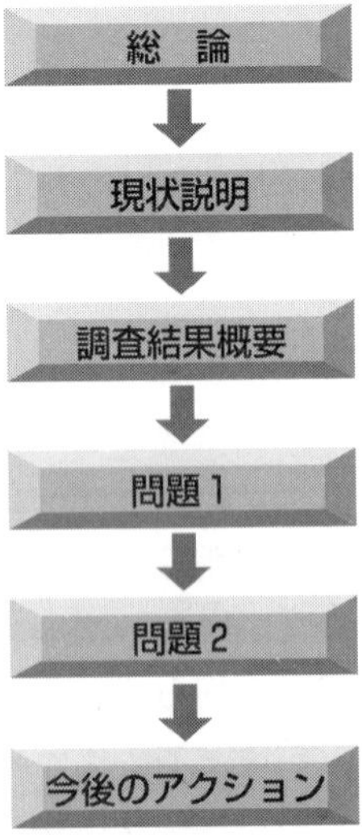

全体は、右図のように構成され、各トピックが、それぞれ１つのパラグラフに割り振られています。２つの問題はどちらも同様に深刻なので、インストール指示書で指示すべき順で並べています。（「第２部　英語がすらすら書けるコツ」の「1.1 パラグラフ単位で考えれば論理的にすらすら書ける」：66頁参照）

最初のパラグラフで、文章の要点をまとめた総論を述べています。さらに、２つの問題を説明するパラグラフの先頭には、次のようなtopic sentenceをおいています。（「第２部　英語がすらすら書けるコツ」の「1.2 何を述べるかから始めれ

ば伝わりやすい」：74頁参照）

The installation instructions tell nothing about the older versions, although...

Step 5 says, "Press the ALT and F12 keys" although it should say...

2つの問題を説明するパラグラフが、次の内容でパラレリズムをなしています。（「第2部 英語がすらすら書けるコツ」の「1.3 パラレリズムを使えば書く負担がずっと減る」：84頁参照）

1. どうあるべきなのに、どうなっているかの説明
2. その結果、どんな問題を引き起こしているかの説明

主語には、I、we、customers、the programなど、既知の情報を用いています。未知の情報が主語になることはありません。（「第2部 英語がすらすら書けるコツ」の「2.1 既知から未知へと流せば文がつながる」：92頁参照）

as a resultやfurthermoreといった接続語句が効果的に使われています。（「第2部 英語がすらすら書けるコツ」の「2.2 接続語句を使えば読み手の負担が減る」：102頁参照）

背景

新しいLSIを開発したので、その成果を論文にまとめます。このLSIは、回路や製造技術、パッケージ技術において、さまざまな新しい取り組みをしています。この文章例は、製造技術上の3つの新しい取り組み（CMOS技術、絶縁技術、配線技術）を紹介した第2章の一部のみです。

文書例

2. FABRICATION TECHNOLOGY

The BR4200 is fabricated using three new technologies: 0.42μm gate length CMOS technology, a new insulation-technology, and a TiN/Al-Si-Cu/TiN/Ti metallization technology. The 0.42μm gate length CMOS technology increases operating speed and reduces power consumption. The new insulation-technology planarizes insulators and reduces wire capacitance. The TiN/Al-Si-Cu/TiN/Ti metallization technology prevents electro-migration and stress migration.

2章の総論

2.1 Transistors

To increase operating speed, transistor drivability must be increased and gate

2.1節の総論

junction capacitance must be decreased.

2.1.1 Increasing Drivability

Reducing the gate length of both NMOS and PMOS transistors to 0.42μm increases their drivability to 1.4 times that of conventional transistors with a 0.6μm gate. The I-V characteristics are shown in photo 2.

2.1.1の総論

However, reducing the gate length causes two problems:

(a)Hot electron injection changes transistor characteristics.

(b)The punch-through effect increases drain-to-source leakage current.

2の問題

To minimize hot electrons and maintain operating speed, a Light Doped Drain (LDD) structure has been applied. Our biased-transistor temperature test shows that the time to decrease the drain current of LDD transistors by 10% is equal to that of conventional transistors with a 0.6μm gate.

問題1の対策

To prevent the punch-through effect, ion

implantation at two different energies optimizes the impurity profile in the channel region. The first ion implantation controls the threshold voltage, and the second prevents the punch-through effect.

問題2の対策

2.1.2 Reducing Gate Junction Capacitance

Reducing the well concentration reduces gate junction capacitance by 20%, but causes the latch-up problem at the same time.

2.1.2の総論

下線部：要約文

【対訳】

2. 製造技術

BR4200は、3つの新しい技術を使って製造されています。それは、0.42μmゲート長のCMOS技術と、新しい絶縁技術と、TiN/Al-Si-Cu/TiN/Ti構造の配線技術です。0.42μmゲート長のCMOS技術によって、動作速度を向上させるとともに消費電力を削減できました。新しい絶縁技術によって、絶縁層を平坦化して配線容量を低減できました。TiN/Al-Si-Cu/TiN/Ti構造の配線技術によって、エレクトロマイグレーションとストレスマイグレーションを防止できました。

2.1 トランジスタ
動作速度を向上させるには、トランジスタの駆動能力を上げ、ゲート接合容量を減らさなければなりません。

2.1.1 駆動能力の向上
NMOSトランジスタとPMOSトランジスタのゲート長を0.42 μmまで微細化したことで、0.6 μmのゲート長を持つ従来のトランジスタより、駆動能力を1.4倍に高めました。そのI-V特性を写真2に示します。

しかし、ゲート長を微細化することは2つの問題を引き起こします。
(a) ホットエレクトロンが発生して、トランジスタの特性を変えてしまう
(b) パンチスルー効果でドレインからソースへの漏れ電流が増加してしまう

ホットエレクトロンを最小限に抑え、動作速度を維持するために、LDD構造を適用しました。バイアストランジスタの温度テストによると、LDD構造トランジスタのドレイン電流が10%減少するのに要する時間は、0.6 μmのゲート長を持つ従来のトランジスタと同等でした。

パンチスルー効果を防止するため、イオンを異なる2種類のエネルギーで注入して、チャネル領域における不純物特性を最適化しました。はじめのイオン注入で、

スレッシュホールド電圧を制御し、２番目のイオン注入で、パンチスルー効果を防止しました。

2.1.2 ゲート接合容量の低減
ウェル濃度を低減することで、ゲート接合容量は20%削減されましたが、同時にラッチアップ問題が引き起こされてしまいました。

ポイント解説

全体は、右図のように構成され、各トピックが、それぞれ１つのパラグラフに割り振られています。しかも、動作速度を向上させるための２つの手段を、「駆動能力の向上」「ゲート接合容量の低減」と重要な順に、述べています。さらに駆動能力を向上させるときに生じる２つの問題も、深刻な順に述べています。（「第２部 英語がすらすら書けるコツ」の「1.1 パラグラフ単位で考えれば論理的にすらすら書ける」：66頁参照）

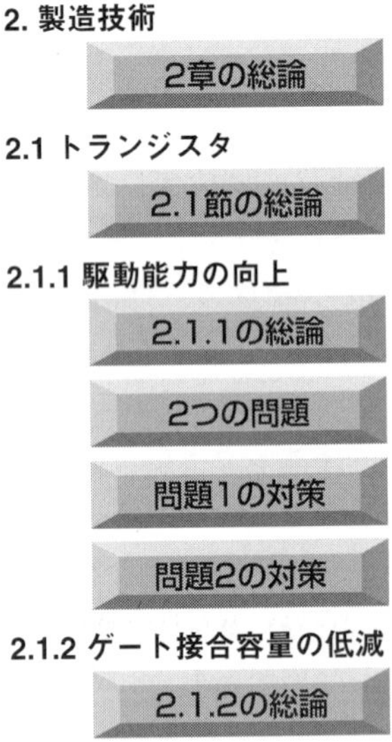

２章の最初には２章の総論を、2.1節の最初には2.1節の

総論をと、各階層ごとに総論を述べています。さらに、各論にあたる2.1.1の各パラグラフの先頭には、次のようなtopic sentenceをおいています。(「第2部 英語がすらすら書けるコツ」の「1.2 何を述べるかから始めれば伝わりやすい」：74頁参照)

Reducing the gate length of both NMOS and PMOS transistors to 0.42μm increases their...

However, reducing the gate length causes two problems:

To minimize hot electrons and maintain operating speed, a Light Doped Drain (LDD) structure has been applied.

To prevent the punch-through effect, ion implantation at two different energies optimizes the impurity profile in the channel region.

「……には、AとBがある。Aは、……。Bは、……。」という既知から未知への情報の引き継ぎが、下記のように随所に見られます。(「第2部 英語がすらすら書けるコツ」の「2.1 既知から未知へと流せば文がつながる」：92頁参照)

●2章の総論における3つの新技術の紹介
●2.1.1での2つの問題とその対策の説明
●上記対策2における2種類のエネルギーによるイオ

ン注入の説明

次の文のように、従属文を名詞化して主文の主語にすることで、主従・因果関係を明確にするとともに、論文らしい堅い口調にしています。(「第2部 英語がすらすら書けるコツ」の「2.3 主従を明確にすれば言いたいことが強調できる」：111頁参照)

Reducing the gate length of both NMOS and PMOS transistors to 0.42μm increases their drivability to 1.4 times that of conventional transistors with a 0.6μm gate.

お礼を言おう

欧米人は、お礼を言うのが上手です。アカデミー賞の授賞式などで、受賞者が述べる謝辞には驚かされることがあります。ビジネスの場でも、上手に謝意を伝えられる人は少なくありません。そんな例を紹介します。

私がアメリカの会社に駐在していたとき、その会社で100人を越えるプロジェクトを統率していたリーダーが退職することになりました。退職の日、彼は次のような電子メール（一部省略）を関係者に送ったのです。

I have had the privilege and pleasure of working alongside most of you for many years. I consider you as close as my own family and one of the best engineering teams in the world. I have learned a great deal of knowledge, courage and spirit of ingenuity from you. You have been my teachers, mentors, and owners of the success that I enjoyed through the years. I thank you for accepting me as part of the team and allowing me to serve beside you.

この英文に比べると、私が日本に帰るときに関係者に送った英文など、恥ずかしくて紹介できません。この英文は、何か本でも見て書いたものかもしれません。しかし、大プロジェクトのリーダーとはいえ、ここまで大げさに謝意を表さなければならないのかと、文化の違いを思い知らされました。

この次は、この英文をうまく使ってやろうかと思っているのですが、残念ながら、まだそのチャンスはやってきません。

5 エッセイ

背景

論理的な文章を書くトレーニングとして、自由な課題でエッセイを書いてみます。

文書例

Integrated Circuit (IC) design has been dramatically computerized in last twenty years. Twenty years ago, IC design fully depended on manual work on all the steps: logic design, logic verification, circuit design, circuit verification, layout design, and layout verification. Today, logic design and circuit design are partly computerized, layout design is mostly computerized, and all the verifications are fully computerized. 総論

In the early 1970s, IC design fully depended on manual work. Engineers designed logic using their heads and wrote the circuit diagrams on paper with pencils according to the logic. Then, they verified the logic and the circuits with their eyes. After that, engineers designed the circuit layout with pieces of color film 1970年代初期の変化

according to the circuit diagrams. Then, **they** verified the layout with their eyes and measures. Finally, **they** took a photograph of the layout to fabricate the photo-masks.

In the late 1970s, **layout design** was partly computerized. **This computerization** was not that computers themselves designed the layout, but that engineers designed the layout with computers instead of the color film. **It** might be a small step in view of time saving. However, **it** was a great step in the long view.

1970年代後期の変化

In the early 1980s, **layout verification** was partly computerized. **This computerization** saved a lot of design time. **Engineers** did not have to spend a lot of time any more to check all the transistor sizes and all the distances between any two patterns one by one with measures.

1980年代初期の変化

In the middle 1980s, **circuit design, logic design, circuit verification, and layout design** were partly computerized, and **layout verification** was fully computerized.

Engineers registered circuit diagrams with computers, and then verified the circuit logic with computers. Furthermore, **computers** themselves designed some of the circuit layout and verified the layout completely. **This computerization** saved a great deal of design time. **Engineers** did not have to spend several months any more to verify with their eyes whether the layout plot, sometimes more than 10 m × 10 m, matches the circuits.

1980年代中期の変化

In the late 1980s, **logic design** was partly computerized, and **all the verifications** were fully computerized. **The computerization** enabled engineers to design ICs that are more complicated in shorter periods.

1980年代後期の変化

Today, **logic design and circuit design are partly computerized, layout design** is mostly computerized, and **all the verifications** are fully computerized. Furthermore, **layout design** is being computerized more and more. **Most of layout engineers** may lose their jobs in ten years. **Nobody** could have forecast the present situation twenty years ago, or can

現在の状況と今後

forecast in the coming twenty years.

下線部：　要約文
ゴシック：　主語

【対訳】
集積回路（IC）の設計は過去20年で劇的にコンピュータ化されました。20年前、ICの設計は、すべての工程で完全に手作業に頼っていました。論理設計、論理検証、回路設計、回路検証、レイアウト設計、レイアウト検証のすべてです。今日、論理設計と回路設計は部分的にコンピュータ化され、レイアウト設計はほとんど、すべての検証は完全にコンピュータ化されています。

1970年代初期、IC設計は完全に手作業に頼っていました。エンジニアは頭の中で論理設計し、その論理にしたがって、回路図を紙に鉛筆で書いていたのです。その工程の後、エンジニアは、論理と回路を目で検証していました。さらに、回路図にしたがって、小さく切ったカラーフィルムでレイアウト設計していました。それから、そのレイアウトを目と定規で検証したのです。最後に、レイアウトの写真を撮って、フォトマスクを作成しました。

1970年代後半には、レイアウト設計が部分的にコンピュータ化されました。このコンピュータ化は、コンピュータ自身がレイアウト設計してくれるものではなく、エンジニアがカラーフィルムの代わりにコンピュータを使ってレイアウト設計するものでした。それは時間の節約という意味では小さな一歩でした。しかし、長い目で見れば大きな一歩だったのです。

1980年代初期、レイアウト検証が部分的にコンピュータ化されました。このコンピュータ化は、大幅に設計時間を短縮しました。エンジニアは、膨大な時間を費やして、すべてのトランジスタのサイズや2つのパターン間のすべての距離を、定規を使ってひとつずつチェックする必要がなくなったのです。

1980年代の中期、回路設計と論理設計、回路検証、レイアウト設計が部分的にコンピュータ化され、レイアウト検証が完全にコンピュータ化されました。エンジニアは回路図をコンピュータで登録し、論理をコンピュータで検証しました。さらに、回路レイアウトによってはコンピュータ自身が設計し、レイアウトの検証は完全にコンピュータ化されました。このコンピュータ化は設計時間を大幅に短縮しました。エンジニアは、時には10m×10mにもなるレイアウトのプロット図と回路が一致しているかを、何ヵ月もかけて目で検証する必要がなくなったのでした。

1980年代の終わりには、論理設計が部分的にコンピュータ化され、すべての検証がコンピュータ化されました。このコンピュータ化のおかげで、エンジニアはより複雑なICをより短い期間で設計できるようになりました。

今日、論理設計と回路設計は部分的にコンピュータ化され、レイアウト設計はほとんど、すべての検証は完全にコンピュータ化されています。さらに、レイアウト設計はますますコンピュータ化が進んでいます。ほとんどのレイアウトエンジニアが10年以内に職を失うかもしれません。20年前、誰も今日の状況を予測できませんでしたし、今後20年を誰も予測できないでしょう。

ポイント解説

全体は、174頁の図のように構成され、各トピックが、それぞれ1つのパラグラフに割り振られています。各論は年代順に展開されています。（「第2部　英語がすらすら書けるコツ」の「1.1　パラグラフ単位で考えれば論理的にすらすら書ける」：66頁参照）

最初のパラグラフで、文章の要点をまとめた総論を述べています。さらに、各論の各パラグラフの先頭には、次のようなtopic sentenceをおいています。（「第2部　英語がすらすら書けるコツ」の「1.2　何を述べるかから始めれば伝わりやすい」：74頁参照）

In the early 1970s, IC design fully depended on

manual work.

In the late 1970s, layout design was partly computerized.

In the early 1980s, layout verification was partly computerized.

In the middle 1980s, circuit design, logic design, circuit verification, and layout design were partly computerized...

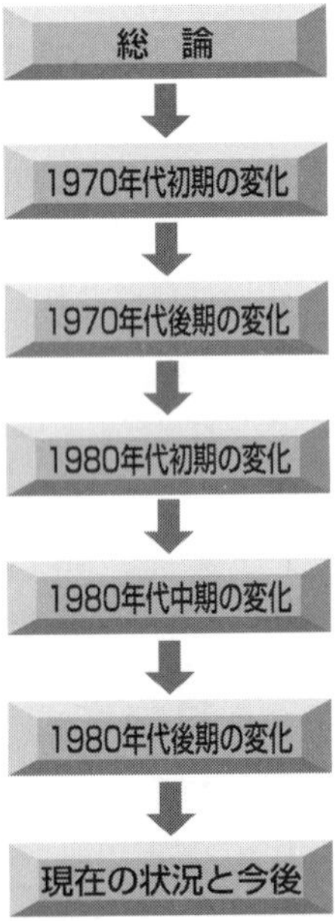

In the late 1980s, logic design was partly computerized...

各論の各パラグラフが、パラレリズムをなしています。また、読み手にパラレリズムをなしていることを伝えるために、In the early 1980sのように、書き出しを統一しています。(「第2部 英語がすらすら書けるコツ」の「1.3 パラレリズムを使えば書く負担がずっと減る」：84頁参照)

キーワードであるdesignが多くの文で主語として使われています。

主語を変えるときには、engineerやcomputerといった既知の情報を新しい主語にしています。未知の情報が文頭に来ることはありません。(「第2部 英語がすらすら書けるコツ」の「2.1 既知から未知へと流せば文がつながる」：92頁参照)

次の文のように、「関係代名詞＋be動詞」で代表される不要な関係代名詞を使わずに、主従関係を明確にしながら2文を接続しています。(「第2部 英語がすらすら書けるコツ」の「2.3 主従を明確にすれば言いたいことが強調できる」：111頁参照)

Engineers did not have to spend several months any more to verify with their eyes whether the layout plot, sometimes more than 10 m×10 m, matches the circuits.

ほめ上手の勧め

欧米人は、ほめるのがとても上手です。欧米人とビジネスをしていると、大げさにほめられることがあります。ほめることで人間関係を円滑にしようとしているのです。日本人も恥ずかしがらずに、相手をほめる習慣を持ちたいものです。

ちょっと英語が話せれば、日本人特有の訛りがあっても、You speak English very well. のようにほめてくれます。本人はとてもそんな自覚がないので、恐縮してしまいます。

あるいは、会議でちょっと積極的に発言すると、Thanks to your leadership, the meeting was very productive. のようにほめてくれます。それもとてもさりげなく上手にほめます。

ある朝、私はホテルのエレベーターに乗っていて、見ず知らずのビジネスマンに、You have a nice briefcase. とほめられたことがあります。これにはさすがにびっくりしました。

謙遜を美徳とする日本人はほめられると、No, no, my English is terrible. などと答えてしまうことが多いようです。しかし、この謙遜は欧米の文化には通じません。変な答え方をする人と思われてしまいます。

ほめられたら、にっこり笑って Thank you. と言っておけばよいのです。そのとき、相手についてもほめられればよいのですが、慣れないと難しいものです。私もうまくはできません。

6 拒絶通知

背景

管理しているホームページに対して、相互リンクの申し込みがありました。しかし、相手のホームページは、自分のホームページからリンクを張るには不適切な内容です。そこで、リンクの申し出を断る電子メールを書きます。

文書例

Thank you for your proposal for the crosslink between your homepage and mine.

提案に対するお礼

After I have carefully reviewed your homepage, I find that I do not have an appropriate link page for your site. I have two link pages: one for sites providing free information about technical writing, and the other for technical writing courses in colleges. If I open another link page appropriate for your site, I will be pleased to contact you.

お断り

I appreciate your interest in my page and wish you success in your business.

社交辞令

Best regards,

〜〜〜〜下線部：表現上の工夫

【対訳】
貴ホームページとのクロスリンクのご提案ありがとうございました。

貴ホームページを拝見させていただいて、慎重に検討しましたが、私のホームページには貴サイトにリンクを張る適当なページがありません。私のホームページには２つのリンクページがあるのですが、ひとつはテクニカル・ライティングに関する情報を無料で提供しているサイト用であり、もうひとつは大学のテクニカル・ライティング・コースのサイト用です。貴サイトに適した別のリンクページを公開した際には、喜んでこちらからご連絡差し上げます。

私のページに興味を持っていただきありがとうございました。お仕事の成功をお祈りしております。

ポイント解説

全体は、右図のように構成され、各トピックが、それぞれ１つのパラグラフに割り振られています。（「第２部　英語がすらすら書けるコツ」の「1.1 パラグラフ単位で考えれば論理的にすらすら書ける」：66頁参照）

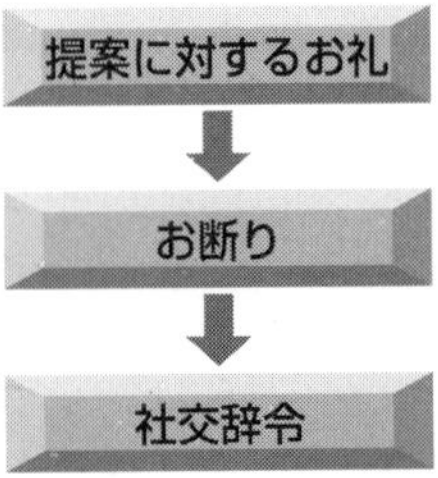

お断りというマイナスのイメージの情報を、提案に対するお礼と

結びの社交辞令で挟むことで、マイナスのイメージを弱めています。また、断りを表現している部分が、第2パラグラフの最初でも最後でもなく、中程になるように注意を払っています。さらに、I do not have an appropriate link page for your site.といった婉曲な断り方や、If I open another link page appropriate for your site, I will be pleased to contact you.といった相手を傷つけないための表現にも注意を払っています。(「第2部 英語がすらすら書けるコツ」の「3.3 表現を工夫すれば印象が変わる」：129頁参照)

なお、この文章は133頁の例の構成や表現を応用して書かれています。

7 依頼

背景

ミシガン・デイリーの記者に、ミシガン大学病院での臓器移植に関する情報を提供すべく、大学病院から情報をいただきました。しかし、情報に抜けがあったので、さらなる情報提供をミシガン大学病院に依頼します。

文書例*12

In your memo of February 19, you furnished me with some information on organ transplant surgery that will be very useful to the reporter for the Michigan Daily. However, when I was writing up this information to forward to him, I discovered that it was incomplete in several areas. Could you please supply me with the data, if at all possible?

総論（目的）

To complete the picture, I need several additional statistics about liver and pancreas transplant operations, as indicated on Table 1 attached. I also need some additional information about length of time for several of the operations as

総論（要約）

*12 日本テクニカルコミュニケーション協会編，『科学・工業英語検定試験問題集　1・2級』，ジャパンタイムズ，1987

well as some more about the miscellaneous details that you provided. This additional information will complete the picture and enhance its interest.

Specially, I would like to know the length of time for the pancreas operations and the years the liver and pancreas operations were first performed, as indicated on the table.

要求情報1

To complete some of the interesting miscellaneous details, I would like to know:

要求情報2

Do the surgeons train on any animal for the liver operation?

要求情報2-1

How long can the kidney and pancreas survive before a transplant?

要求情報2-2

How are the cost ranges for 1985 or have they varied over the years?

要求情報2-3

Any additional information on the role of the University of Michigan Hospital in organ transplant surgery also might be of

その他の要求情報

interest to the reporter.

Thank you again for your cooperation. I'm sure the information will make an interesting newspaper article.

結語

Table 1. Missing Statistics on Organ Transplant Surgery

TYPE OF TRANSPLANT	Length of Operation	Year first Performed	Total to Date	Total in 1985
KIDNEY	4 hours	1953	20,274	7,008
HEART	7 hours	1967	1,651	684
LIVER	20 hours		1,358	522
PANCREAS			304	134

【対訳】

2月19日付の文書でいただいた、臓器移植手術に関する情報は、ミシガン・デイリーの記者にとって、とても有益なものとなるでしょう。しかし、この情報を記者に書き送ろうとしたところ、いくつかの情報が抜けていることに気づきました。できましたら、抜けているデータを提供していただけないでしょうか。

臓器移植の現状を把握するためには、添付の表1に示すように、肝臓と膵臓の移植手術についてもう少し統計的な情報が必要です。また、すでにご提供いただいたその他の詳細事項についての情報をもう少しと、手術に要する時間に関する情報もいくつかいただければと存じます。これらの追加情報があれば、現在の状況を把握でき、興味がさらに増すことでしょう。

特に、膵臓移植手術に要する時間と、膵臓と肝臓の移植手術がはじめて実施された年について、表を御覧のうえ、お知らせください。

その他の興味深い詳細情報として、以下の点についてもお知らせいただければと思います。

肝臓手術のために、外科医は動物を使ったトレーニングをするのか。

腎臓と膵臓は、移植までどのくらいもつのか。

1985年での手術費用はいくらで、それは年とともに変わったのか。

ミシガン大学病院の臓器移植手術における役割に関しても、さらに情報がいただければ、記者にとって興味あるものと思います。

ご協力よろしくお願いします。これらの情報があれば、新聞記事はより興味深いものになると確信しております。

ポイント解説

全体は、右図のように構成され、各トピックが、それぞれ1つのパラグラフに割り振られています。要求情報は、表を埋めるのに必要な情報、それ以外の指定した情報、その他と、最も知りたい順に並べています。(「第2部 英語がすらすら書けるコツ」の「1.1 パラグラフ単位で考えれば論理的にすらすら書ける」：66頁参照)

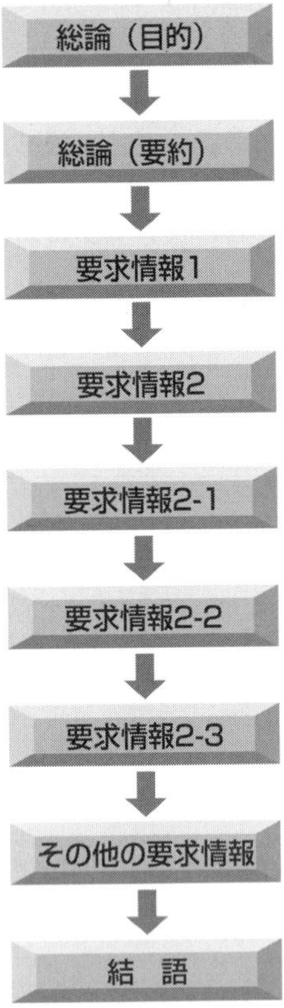

最初の2つのパラグラフで、文章の目的と要求情報を要約した総論を述べています。(「第2部 英語がすらすら書けるコツ」の「1.2 何を述べるかから始めれば伝わりやすい」：74頁参照)

要求情報の2-1から2-3が、パラレリズムをなしています。(「第2部 英語がすらすら書けるコツ」の「1.3 パラレリズムを使えば書く負担がずっと減る」：84頁参照)

面識のない人に情報提供をお願いすることを考慮して、Could you please supply me with the data? という丁寧な表現を使っています。(「第２部 英語がすらすら書けるコツ」の「3.1 丁寧度を知ればあらゆる状況に対応できる」：117頁参照)

欧米流の握手のしかた

名刺交換という日本流のビジネス儀式が、欧米人の間にもすっかり定着してきました。しかし、欧米流の名刺交換の方法を知らない人が結構います。欧米人と名刺交換するときは、次の3つに気をつけましょう。

第1に、相手の名刺をもらったら、必ず相手の名前を呼びましょう。相手は必ずあなたの名前を発音するはずです。そうすることで、名前を覚えようとしているのです。相手の発音が聞き取れなければ、名刺に印刷してある名前を読めばよいのです。このとき、相手が博士号を持っているなら、Mr.ではなくDr.を、大学の教授なら、Professorをつけて呼ぶのが礼儀です。

第2に、相手に名刺をわたすときは、自分の名前だけでなく、どんな仕事を担当しているかも伝えましょう。日本では、どの組織に属しているかとか、タイトルを重視します。しかし、欧米人はどんな仕事を担当しているかを重視します。相手は、自分が何をしているか、必ずあなたに伝えるはずです。

第3に、挨拶の後の握手では、相手の目を見ましょう。日本人はおじぎするくせがあるので、相手の目を見ないことが多くあります。意識して相手の目を見るようにします。相手は必ずあなたの目を見ているはずです。このとき、相手がアメリカ人男性なら、握手は強くするとよいでしょう。アメリカ人男性は、手が痛くなるほどの強い握手を好むのです。弱い握手をすると、「頼りないヤツ」と思われかねません。

第一印象は、その人への印象を大きく左右します。この3つのポイントを守れば、あなたへの印象はぐっとよくなるはずです。

付録 A.

英文の質を上げる10のtips

意味さえ変わらなければ、文法のミスをさほどおそれる必要はありません。しかし、意味の変わるミスは避けなければなりません。また、読み手に余分な負担をかけないよう、あるいは、明確になるよう表現することも大事です。

1. 助動詞のポイント
2. 前置詞のポイント
3. 冠詞のポイント
4. 時制のポイント
5. 句読法のポイント
6. 類義語の使い分け
7. 簡潔な表現
8. 明確な表現
9. 性差別のない表現
10. 働きかけの強い表現

1. 助動詞のポイント

助動詞は使い方や選択を誤ると、文意が変わります。誤解のもとになるので注意が必要です。

「やろうと思えばできる」のcan

canにはやろうと思えばできるというニュアンスがあります。普通にやっていることは、canではなく現在形で表現します。「できる＝can」と記憶しておくと、とんだ誤解を生みかねません。

たとえば、「MFC-7150は、1440×720dpiの解像度で、白黒なら毎分6枚印刷できます」という文は、The MFC-7150 prints at 1440×720dpi resolution at 6ppm in black. のように、canを使わずに表現します。

could、would、mightは過去形？

could、would、mightは、「……できるであろうに」や「……かもしれない」という意味の仮定法として使われることが非常に多くあります。これらの助動詞が、can、will、mayの過去形として使われることはめったにありません。過去を示す副詞または副詞句（たとえば、yesterdayやtwo days ago）がなければ、仮定法と考えるべきです。

例：Smoking could cause health problems.
(喫煙は健康問題を引き起こすかもしれません)

現在の推量の助動詞

多くの助動詞には、「……かもしれない」のような現在の推量の意味があります。ただし、助動詞により、話し手の確信度が異なります。

話し手の確信度は、下記の順に高くなります。mayは50%以下で、日本人が一般に思っているほど確信度が高くありません。

might < may < could < can < should < ought to < would < will < must

注意表示では、適切な助動詞を使わないと、読み手が危険でないと勘違いしてしまいます。その結果、注意を守らずけがでもすれば、莫大な損害賠償になりかねません。

推奨のshould

shouldは推奨であり、強制力がありません。必ず守らなければならない指示には命令形を使います。

Do not place rear-facing child seat on front seat with air bag.

この文では、You should not place とは言えません。shouldは推奨で強制ではないからです。守らなくてもよいと言っているようなものです。事故があったとき、shouldがマニュアルで使われていたら、メーカーは裁判で勝てません。

2. 前置詞のポイント

前置詞の選択を誤ると、文の意味が変わることがあります。特に間違えやすいのが場所を示す前置詞です。前置詞は、もともとの意味を押さえておくと感覚的に使えることもありますが、基本的には、できるだけ辞書を引くよう心がけましょう。

across

原義：表面を横切る

例文：He swam across the river.

among

原義：集合体の間

例文：the relationships among the European countries

between

原義：個別の間

例文：the trade-off between speed and disk space

at

原義：点（時間軸上の点や空間上の点）

例文：Please contact me at kurapy@mvb.biglobe.ne.jp.

in

原義：囲まれている（outの反対）

例文：He is in the room.

out

原義：内から外（inの反対）

例文：He is out in the U.S.（outして、inしている）

on

原義：接触している（下でも横でも／offの反対）

例文：a fly on the ceiling

off

原義：onからの分離（onの反対）

例文：get off the bus（get onからの分離）

through

原義：突き抜ける

例文：Monday through Friday（toを使うと金曜日を含むか曖昧になる）

over

原義：上を覆う

例文：He jumped over the brook.

to

原義：方向（到着を暗示）

例文：I went to Osaka.（結果的に大阪に着いた）

for

原義：方向（到着を暗示しない）

例文：I went for Osaka.（大阪に着かなかった可能性もある）

3. 冠詞のポイント

冠詞をマスターするのは非常に難しいので、完璧を目指すのは諦めるのが賢明です。意味さえ変わらなければ、それほど神経質になる必要はありません。

冠詞のミスを減らすには、以下の3つのルールを覚えておくと効果的です。これだけでも、冠詞のミスはかなり減らせます。

1. 前述の単語には the をつける
2. 単数形の可算名詞には必ず冠詞をつける
3. 特定できる場合は the を、複数あるうちのひとつの場合は a をつける

注意：ひとつしかないものに a をつけると、複数あると誤解されてしまいます。

たとえば、次の英文のカッコにはどんな冠詞を入れるべき（あるいは無冠詞）でしょうか。

(1) Sun is (2) star at (3) center of our solar system. It is about 1.4 million kilometers in (4) diameter and dominates (5) sky during(6)daytime. (7)Sun is made almost entirely of (8) hydrogen and (9) helium.

[太陽は太陽系の中心にある星です。直径が約140万kmで、日中は大空を占有しています。太陽は、ほと

んどすべて水素とヘリウムから構成されています。]

解答

(1) Sunは特定できるのでThe
(2) 多くの星のひとつなのでa
(3) centerは特定できるのでthe
(4) diameterは特定できるのでtheをつけたくなりますが、in diameterは一種の成句なので無冠詞（theをつけても意味は変わらないので気にする必要なし）
(5) skyは特定できるのでthe
(6) daytimeは常にtheを伴う（theをつけなくても意味は変わらないので気にする必要なし）
(7) Sunは特定できるのでThe
(8) hydrogenは不可算名詞で特定できないので無冠詞
(9) heliumは不可算名詞で特定できないので無冠詞

なお、冠詞をつけるべきか迷ったときは、つけないほうが無難です。なぜなら、本来なら冠詞のつかないところに定冠詞のtheが来ると、「このtheは何を指しているのだろう」と、読み手が混乱するからです。

4. 時制のポイント

時制は使い方を誤ると、文意の変わる場合があります。日本人が苦手なのは、過去形と現在完了形の区別と未来形におけるニュアンスの差です。

過去形と現在完了形

日本人は、現在完了形が苦手です。過去形と現在完了形の区別がつかないのです。現在完了形が正しく使えるだけで、かなり英語ができると評価してもよいくらいです。

過去形は、過去にそういうことがあったということを述べているだけで、現在については何も述べていません。むしろ、現在はその状態が存在しないことを暗示することもあります。

たとえば、We developed the product. という表現は、「その製品を、かつて開発した」とだけ述べています。その製品が今どうなっているかはわかりません。

一方、現在完了形は過去にそういうことがあったということと、その状態が現在も続いていることを示しています。

たとえば、We have developed the product. という表現は、「その製品を開発した。だから今、出荷できる」ということを述べているのです。

未来形にもいろいろある

多くの人は、未来形といえばwillしか思い浮かびません。willは最も汎用的な未来を示す助動詞なので、willを使っていれば間違いにはなりません。しかし、willは汎用的であるために、「未来のいつか」という漠然としたイメージしか与えません。未来を示す助動詞を使い分けると、読み手にもっと具体的なイメージを伝えられます。

will	一般的な未来。
be going to	すでになんらかの兆候がある近い未来。
現在進行形	近い未来の個人的な予定。動作は現在進行中だが、個人的な予定だから変更の余地あり。
現在形	確定的な、個人よりも団体などの未来の予定。団体的な予定だからよほどの事情がない限り変更はない。
未来進行形	誰の意志も含まない、当然の成り行き。意図や計画に関係なく日常生活のうえで自然に、または何かの都合ですることになる未来。

注）willには「その場の意志」、be going toには「あらかじめ決めていた意志」という意味もあります。

5. 句読法のポイント

句読点は、他の文法と異なり、ルールを知ってさえいれば間違えることはありません。日本人が最も不得意としている句読法は、セミコロンとコロンの使い分けです。

セミコロンの用法

セミコロン（；）は、日本人の書く英語ではほとんど使わないと言ってよいでしょう。なぜなら、次の2つの用法しかないからです。

用例1

セミコロンは、接続詞で接続するほどではないが、互いに関係のある節を接続します。このセミコロンは、ノンネイティブには使いづらいので、セミコロンの代わりに接続語句で接続することをお薦めします。

George is studying economics; his brother Dave is majoring in accounting.

用例2

セミコロンは、本来ならコンマを使うべきだが、他にもコンマが使われていて、コンマを使うとまぎらわしくなる場合に使用します。しかし、こういう英文を書くことはめったにありません。

In attendance were Norman, the chairman; Carol,

the chief engineer; Hiromi, the corresponding secretary; and Susan, a director.

コロンの用法

コロン（：）は、主として、主文の後を区切って、あとにリストを接続するのに使います。このとき、セミコロンを使うのは誤用です。

She submitted the following items last week:

1. A monthly report
2. A request for additional supplies
3. Copies of three faxes received from the branch

起語と結語の後の句読法

起語の後には、コロンまたはコンマを使います。どちらを使うかは、国の習慣や文章の格式の高さによります。

	アメリカ式	イギリス式
フォーマル	Mr. Smith:	Mr. Smith,
カジュアル	Mr. Smith,	Mr. Smith,

結語の後には、国によらずコンマを使います。何もつけないのは誤用です。（下記の例以外の結語でも同様）

Sincerely (yours),　　アメリカ式
Yours sincerely,　　イギリス式

6. 類義語の使い分け

日本語に訳せば同じ言葉でも、英語ではニュアンスに差のある類義語は多くあります。不用意に使うと、読み手に誤解を与えてしまいます。

たぶん

「たぶん」という日本語には、多くの英語が対応しますが、書き手の確信度が異なります。選択を間違えると、誤解を生みます。

probably	90%
maybe	50%
perhaps	50〜20%
possibly	30〜10%

しばしば

同様に、「しばしば」という日本語に対応する英語も頻度によって変わります。

often	60%
frequently	60%
sometimes	50%
occasionally	50%より低い

安い

多くの日本人が「安い＝cheap」と記憶していますが、cheapはマイナスのイメージのある言葉です。自社製品や相手の製品に使うことはありません。

inexpensive	「安くてうれしい」という肯定的なニュアンス
cheap	「安かろう悪かろう」という否定的なニュアンス

……できた

過去における能力を示す場合は、couldとwas able toの両方が使えますが、実際に何かした場合はwas able toしか使えません。たとえば、英語を話す能力があった場合は、couldとwas able toの両方が使えますが、ある特定の場面を指して、意思疎通ができた場合は、was able toしか使えません。

Because I could（またはwas able to）speak English, I was able to communicate with her.

……かもしれない

「1. 助動詞のポイント」(190頁）参照

……するだろう

「4. 時制のポイント」(196頁）参照

7. 簡潔な表現

冗長な表現は、読み手に負担をかけます。読み手が理解するうえで差がないなら、なるべく簡潔な表現を使います。

重ね言葉の削除

「頭が頭痛」や「犯罪を犯す」のような重ね言葉にならぬよう注意しましょう。

悪い例	よい例
future plan	plan
completely finish	finish
adding together	adding
red in color	red
repeat again	repeat

不要な関係代名詞の削除

「関係代名詞 + be動詞」の表現は多くの場合、冗長なだけなので、そのまま削除しましょう。

悪い例

The software saves images in the ".pict" format which is a Macintosh format.

よい例

The software saves images in the ".pict" format, a Macintosh format.

回りくどいフレーズを単語に

慣用的に使われているフレーズの中には、回りくどい表現のものも多くあります。簡潔な単語に言い換えましょう。

悪い例	よい例
at all times	always
by means of	by
on a weekly basis	weekly
for the reason that	because
with regard to	about

説明口調を単語に

単語で表現できるものは、説明口調で表現せず、簡潔な単語を使いましょう。

悪い例	よい例
a student with ambition	an ambitious student
the method by which we solve the problem	the problem-solving method

8. 明確な表現

誰が読んでも、一読で同じ理解になる明確な表現を使います。読み手によって受け取り方が異なる曖昧な表現や、読み手を惑わす表現は避けます。

曖昧な代名詞

代名詞は、何を指すのか曖昧になりがちです。よく読めば何を指すかわかるような場合でも、読み手の負荷を減らすために、なるべく「the + 名詞」の形にして表現します。

悪い例

A flower has a fragrance when certain essential oils are found in the petals. **They** are produced by the plant as part of its growing process.

[ある種の植物性芳香油が花弁に含まれると、花は香りを放つ。この芳香油は植物が生長する過程で生成される。]

よい例

A flower has a fragrance when certain essential oils are found in the petals. **The oils** are produced by the plant as part of its growing process.

曖昧な否定

否定は、隠れた肯定の裏返しなので、隠れた肯定の意味がわかりにくくなります。たとえば、「……しない」と書くと、何をすればよいかがわかりません。なるべく肯定文で書くようにします。

悪い例
If you do not contact us by this deadline, you cannot enjoy your advantage any more.

［期限までにご連絡いただけないと、特別サービスをこれ以上受けられなくなります。］

よい例
If you contact us before this deadline, you can enjoy your advantage continuously.

曖昧な修飾語

抽象的な単語は、読み手によって意味が変わります。なるべく具体的な単語を使うようにします。

悪い例	よい例
periodically	once a month
as soon as possible	by May 1
a container	a box, a jar, a carton, *etc.*
enough disk space	32Mb disk space
a little bit behind schedule	one week behind schedule

注）よい例は、一例を示したのにすぎない。periodicallyが、常にonce a monthを意味するわけではない。

9. 性差別のない表現

男女差のある表現を使うのは慎み、中性的な表現を使います。欧米では、日本とは比べものにならないほど、この手の表現に敏感です。

呼びかけ

悪い例

Dear Sirs,

Gentlemen,

よい例

Dear Sir or Madam,

Ladies and Gentlemen,

Attention: Quality Assurance Supervisor

To whom it may concern:（事務的な印象）

職業

悪い例	よい例
chairman	chairperson, chair
policeman	police officer
salesman	salesperson
stewardess	flight attendant
fireman	firefighter

日本では、女性が I'm a businessman. などと言っていることがあります。奇異な感じがするので、女性の方も気

を付けましょう。同様に、freshmanは、辞書では女性でも使えることになっていますが、new student かnew employee としたほうが無難です。

代名詞

性別の特定できない場合は、代名詞としてheやsheを使わず、theyで受けるようにします。どうしても単数で表現したい場合は、he or sheを使いましょう。

悪い例

Give each student his paper as soon as he is finished.

よい例

Give students their papers as soon as they are finished.

その他

基本的に、manを使った表現はすべて言い換えるようにします。

悪い例	よい例
mankind	people
man-made	manufactured, artificial
nine man-hours	nine staff-hours

10. 働きかけの強い表現

文の中心は主語と述語です。したがって、適切な主語や述語を使うと、文がダイナミックになって、働きかけが強まります。その結果、明確で伝わりやすい文になります。

主語を隠さない

キーワードを主語にするよう心がけましょう。仮主語を使った構文やthere are構文は、主語が隠れるので、故意に主語を隠したい場合を除いて使わないようにします。

悪い例
It is our conclusion that he is innocent.

よい例
We have concluded that he is innocent.

悪い例
There are three employees who should be awarded the prize.

よい例
Three employees should be awarded the prize.

動作を直接的に表す動詞を使う

動作を表す動詞を使うよう心がけましょう。be動詞やcarry outのような動詞は、それ自身にはなんの意味もないので、文の働きかけを弱めます。これら意味のない動詞はなるべく使わないようにします。このためには、動詞形のある名詞は動詞で用いるようにします。

悪い例
The current focus of the forum is international cooperation in global environment.

よい例
The forum currently focuses on international cooperation in global environment.

悪い例
There is a 5-nanosecond slack that should be taken into consideration during the processing of block C.

よい例
A 5-nanosecond slack should be considered during the processing of block C.

付録 B.

E-mailでの10の注意点

E-mailの普及に伴い、不慣れな方がE-mailでのマナーを知らないで、情報発信しているのを多く見受けるようになりました。相手に迷惑をかけぬよう、E-mailのマナーを守りましょう。

1. 文体に配慮する
2. 適切なSubjectをつける
3. 1通につき1用件にする
4. 短く読みやすく書く
5. 1行70半角文字程度で改行する
6. 必要な人だけに送付する
7. 返事を速やかに出す
8. 相手のE-mailを適切に引用する
9. E-mailの特殊表現を使う
10. chain mailに答えない

1. 文体に配慮する

ビジネスのE-mailの文体は基本的にはFAXと同じと考えればよいです。平均的には、FAXよりカジュアルになるのが普通ですが、E-mailだからといって、特に意識しなければならないということはありません。この本で紹介していることに気をつけて書けば間違いありません。

一部の指導者によって、E-mailでは挨拶が省略されるとか、話すように書くとか、略語が多用されるとか説明されていますが、これは私事のE-mailやメーリングリストでのE-mailとの混同です。ビジネスの現場では、E-mailといえども、従来の社会的マナーは守られます。

他の媒体と同様に、E-mailにおいても、口調は相手との関係によります。面識もない人にはじめてE-mailを出すときは、当然フォーマルになります。挨拶もDearを使うのが普通です。しかし、何年も一緒に仕事をしていて、何度も食事をしたような仲なら、かなりカジュアルな口調になります。挨拶もHi程度です。

一般には、E-mailのほうがFAXよりカジュアルになりがちです。これはE-mailの手軽さによるものです。しかし、ネイティブでない我々は、特に口調をカジュアルに変える必要はありません。失敗のもとです。

ビジネスのE-mailの例

Dear Kawakami-san,

After careful review of the netlists, indeed netlist #2 and netlist #3 are very different as I stated in my original email. Would you please check on this?

Best regards,
Carol

[川上様

注意深く見直してみましたが、前のメールで申し上げましたように、ネットリストの２番とネットリストの3番は全く違います。貴社にてもチェックしていただけないでしょうか。

よろしくお願いします。]

2. 適切なSubjectをつける

1日に数十通のE-mailを受信する人は、Subjectによって受信E-mailに優先順位をつけて処理するのが普通です。本文を読んでみなければ内容がわからないE-mailは、受信者に負担を強いることになります。また、重要な用件でも、適切なSubjectがついていなければ後回しにされてしまうかもしれません。

TopicだけのSubjectでは何の連絡かわかりません。たとえば、Monthly Meeting だけでは、月例会議の何を連絡したいのかわかりません。

最低限、Subjectには「何の何」までは示す必要があります。たとえば、Agenda for Monthly Meeting とすれば、月例会議の議題の連絡と判断されます。

さらに、相手に何らかの行動を期待する場合は、それとわかるキーワード（伝達上の目的）が必要です。具体的には、recommendation、proposal、requestといった単語です。たとえば、Proposal for Monthly Meeting Agenda とあれば、月例会議の議題を提案しているのだとわかります。受け取り手は、送り主が回答を期待していることが、Subjectだけでわかります。

E-mailのSubjectは短いことも大事です。なぜなら、E-mailのソフトウェアでは、決まった長さまでしかSubject

を表示しないからです。全部で7単語以内に抑えるのが望ましいでしょう。

短いSubjectに多くの情報を詰め込むには、略語を用いるのも効果的です。ただし、これは、E-mailを受け取る側がE-mailに精通している場合に限ります。また、略語を用いる必然性のない本文中では、一般文書で使われている以上の略語は使わないほうが無難です。

略語を使ったSubjectの例

FYI: New 8mm Tapes in Cabinet
(FYI = For Your Information)

RFI: New Product Feature
(RFI = Request for Information)

REQ: Cost Estimation of ABC
(REQ = Request)

E-mailの普及に伴い、Subjectに略語が広まりつつあります。特にFYIは、よく見かけるので覚えておきましょう。

3. 1通につき1用件にする

1通のE-mailには1用件だけを書くようにします。複数の用件がある場合は、面倒でも、その数だけのE-mailに分割します。

2つ以上の用件を1通のE-mailに書くと、後半の用件が読み落とされる可能性があります。これは、すべてをコンピュータ画面で、一度に表示しきれないためです。紙に書かれた文章のように、一度に全体が見渡せるわけではないので注意が必要です。

また、1通に複数の用件が述べられていると、すべての用件をカバーするような適切なSubjectがつけられません。したがって、Subjectで優先順位をつけてE-mailを読む相手だと、優先順位を下げられてしまう可能性があります。

さらに、もらったE-mailを後になって読み返したいとき、Subjectが内容を反映していれば、見つけやすくなります。

もちろん、読み飛ばされてもよい内容であれば、主用件に続けて書いてもかまいません。たとえば、ビジネスの話の後に、近況報告をする場合です。

4. 短く読みやすく書く

コンピュータ画面での文字だけの文章はかなり読みにくいものです。短い文章で、見やすいレイアウトで書くようにしましょう。

コンピュータ画面で文章が読みにくいのは、行間が印刷された文章に比べて狭いことと、一度に表示できる情報が少ないことによります。また、明るい画面を凝視し続けるのもつらいものです。

すでに、「第2部　英語がすらすら書けるコツ」で説明したような書き方に加え、次の2点に気を配りましょう。

第1に、パラグラフは短めにします。したがって、必然的に説明も簡潔になります。複雑な説明が必要な場合は、ワープロで書いて、そのファイルを添付するか、印刷したものを郵送したほうが賢明です。

第2に、レイアウトにいっそうの配慮をしましょう。具体的には、パラグラフ間には空白行を入れます。また、可能な限り箇条書きを使います。

E-mailは手軽なだけに、配慮を怠ると、読み飛ばされてしまうかもしれないことを忘れてはなりません。

5. 1行70半角文字程度で改行する

E-mailの世界には、1行最大80半角文字という古い掟が残っているシステムがあります。この制限を無視してE-mailを出すと意図しない箇所で改行が入れられてしまうことがあります。

1行最大80半角文字という制限は、パソコンによるE-mailが今ほど普及する前のなごりです。しかし、それが事実上の標準となってしまったため、今でも80半角文字で強制的に改行して送信したり、表示したりするE-mailシステムが残っています。

時々、変なところで改行されているE-mailを受信するのは、そのようなシステムを経由して送られてきた場合です。自分の使っているソフトウェアにそのような制限がなくても、E-mailが転送されていく途中のシステムにそのような制限がある場合もあります。

意図しないところで改行されてしまうと、とても読みにくくなるので、E-mailは1行最大80半角文字以内で書かなければなりません。さらに、回答のために相手のE-mailを引用するとき、引用を表す記号（> が一般的）が行頭につくことも考慮すると、1行70半角文字程度で改行するのがよいでしょう。

意図しない箇所で改行されてしまった例

```
Hi Techwriters;
My company's software may be bought by a "systems integration" company
from Texas that has 95,000 employees and $12.4 billion in sales revenue.
I will have to interview with this new company, since I would become
their
employee. I've never worked for such a large company and I am concerned
what it will be like. I've been the only writer for the last five
years, so I got to
call all the shots about the documentation. I want some suggestions
about
what questions I need to ask. For example, are technical writers
respected
as professionals on par with systems developers, or will I get shafted
at
raise time? If you have different standards, will I have to re-format
5000 pages
of documentation and convert it to different DTP software?
```

6. 必要な人だけに送付する

一度に多くの人に伝達できるのがE-mailの利点のひとつです。しかし、配布先に注意しないと、多くの人に無意味なE-mailを送ることになります。無意味なE-mailで他人の時間を使わせないように気をつけましょう。

無意味なE-mailはjunk mailといって嫌われます。junk mailは、集中していた作業を中断させ、受信者の生産性を下げる原因となります。不必要な人にまで、ccやforwardしないようにします。

欧米人に対して、日本人に対するのと同じ感覚で参考配布すると迷惑になりかねません。なぜなら、欧米では役割分担が明確化されているので、自分の業務に直接関係のある情報しかほしがらないからです。

特に気をつけたいのは、ファイルを添付する場合です。添付ファイルは、容量が大きくなることが多いので、直接関係のある人以外には送付しないようにします。外出先で電話回線を使って、E-mailを見ている人もいます。10分かけて受信して1秒で捨てるのでは、受信側はたまったものではありません。

7. 返事を速やかに出す

一般に、E-mailは相手に届いたかどうか確認できません。実際、E-mailの転送経路中のシステムダウンにより、ごくまれにE-mailが届かないことがあります。したがって、返事はできるだけ速やかに出すよう気をつけましょう。

すぐに出さないと、送信側はE-mailが届かなかったのではと不安になります。すぐに返事が出せない場合は、いつまでに返事をするかだけでも伝えておきます。

欧米では、いかなる状況においてもE-mailを読んでいるのが常識になりつつあります。出張中だったからとか、休暇をとっていたから、といった理由で返事を滞らせることは許されなくなりつつあるのです。それほど、E-mailは欠かせない、最も一般的な伝達手段となりつつあります。

そうなると、仕事のE-mailは携帯電話に転送するとか、携帯情報端末やノートパソコンを使って、社外からでも常にメールを見ておく必要があります。顧客からの問い合わせであれば、24時間以内には回答すべきでしょう。

なにも、ちゃんとした返事を出す必要はないのです。いつ頃までに返事をすると回答するだけでも、ビジネスはずっとうまくいくものです。

8. 相手のE-mailを適切に引用する

E-mailでは、受信したE-mailをそのまま引用して返事をするのが普通です。このことを失礼と感じる方もいらっしゃるようですが、全くそのようなことはありません。

逆に、相手のE-mailを引用しないで返事を書くと、一部分を回答し忘れてしまうことがよくあります。また、返事をもらった方が、オリジナルを忘れていて、返事の内容が理解できないこともあります。相手のE-mailは積極的に引用するようにしましょう。

しかし、ここで注意しなければならないのは、全文引用しないということです。E-mailが長くなり読みにくくなります。また、引用文に埋もれて、自分の書いたメッセージが読まれないことにもなりかねません。

特に、相手のsignature（所属部署や会社の住所、電話番号をまとめて表している部分）は、返信の際には全く不要なものですから、削除するようにします。

ただし、転送する場合は、基本的には全文を引用します。内容を改変しないようにしましょう。signature部分も、転送を受けるものにとっては重要な情報となることがあります。これも削除しないようにします。

9. E-mailの特殊表現を使う

smiley

smileyは、発信者の感情を表すために考え出された文字記号です。文字だけで情報交換すると、感情的な誤解を生みやすいので、私的なE-mailでよく使用されます。ビジネスのE-mailでは、よほど親しい相手でない限り使いません。

smileyの例

:-) smile　　;-) wink　　:'-(crying

smileyを紹介したホームページ

http://www.eff.org/papers/eegtti/eeg_286.html

強調／下線

文字のサイズの変更も、イタリック体やボールド体もないE-mailでは、強調するために以下の手法が採られることがあります。ただし、比較的フォーマルな情報伝達のときには使われません。

単語を*で囲む

The deadline is *March 31, 2000*.

単語を_で囲む

The deadline is _March 31, 2000_.

文を*あるいは、-と｜で囲む

```
****************************************
* The deadline is March 31, 2000. *
****************************************

----------------------------------------
| The deadline is March 31, 2000. |
----------------------------------------
```

強調のために文や単語を大文字で書くことは、叫んでいるようで失礼になるので避けます。単語程度なら問題ないとする人もいますが、あえて危険を冒す必要はありません。

略語

私的なE-mailでは、本文を簡潔にするために、略語を多用する場合もあります。しかし、ビジネスでは、慣用的に使われている以上に、E-mailだからという理由で、略語を多用することは基本的にありません。

なお、今後のE-mailの普及とともに、Subjectを中心に(Subjectは極端に語数が限られるので)、略語が多用されるようになることはあり得ます。その場合は、周りの状況で判断してください。(Subjectで使われる略語については「2. 適切なSubjectをつける」：214頁参照)

10. chain mailに答えない

chain mailとは、「不幸の手紙」のE-mail版です。善意を装い、実在していないウイルスに対する注意を呼びかけるものです。受信した場合は、すみやかに破棄しましょう。

chain mailは次のように警告することで、連鎖的に広がっていくのをねらったいたずらです。

> 「＜重要警告＞もし、JOIN THE CREW というタイトルのe-mailを受け取ったら、絶対に開かないでください。もし開いてしまうと、ハードディスクのすべてが消えてしまいます。この文書をできるだけ多くの人に送ってください。」

ウイルスはテキストフォーマットの文章に感染することはありません[*13]。したがって、メールを開いただけで感染することはありません。無視してかまいませんので、すみやかに削除しましょう。

chain mailは、最初に発信した者以外は、善意ある人々によって広がっていきます。仮にchain mailを受信しても、発信者を責めてはいけません。

---

*13 メールに添付されているファイルを開くと感染することがありますので、添付ファイルには注意してください

付録C. 英文作成を助けてくれる電子ツール

情報技術の進歩とともに、電子ツールが英文作成を大幅に手助けしてくれるようになりました。これらのツールを使うか使わないかでは、英文の質と作成速度がかなり違ってきます。積極的に活用しましょう。

1. corpusを使って例文を調べる
2. ワープロの文章校正機能を120%活用する
3. 電子辞書を120%活用する

1. corpusを使って例文を調べる

この本では、「意味さえ変わらないなら、言い回しが少し変であろうが、実用上なんら問題はない」と言い続けてきました。しかし、完璧主義の人は、コミュニケーション技術のほかに、言い回しにも気を配りたいと思うでしょう。そんなときは、corpusと呼ばれるデータベースと、concordancing programと呼ばれるソフトウェアをうまく使うと、自分の書いた英語が本当に正しいのかを調べられます。

corpusとconcordancing program

corpusとは、ある特定の方針で集められた、コンピュータ処理可能な文例集のことです。たとえば、ある学会の論文集が、コンピュータ処理可能な状態になっていれば、それは立派なcorpusと言えます。

concordancing programとは、corpusをデータベースとした検索ソフトです。concordancing programの特徴としては、検索した語をその前後を含めて表示できることと、言語学的な統計処理機能を有することがあげられます。

たとえば、concordancing programを使って、あるcorpusからrecommendという単語を検索させると、次のように表示されます。

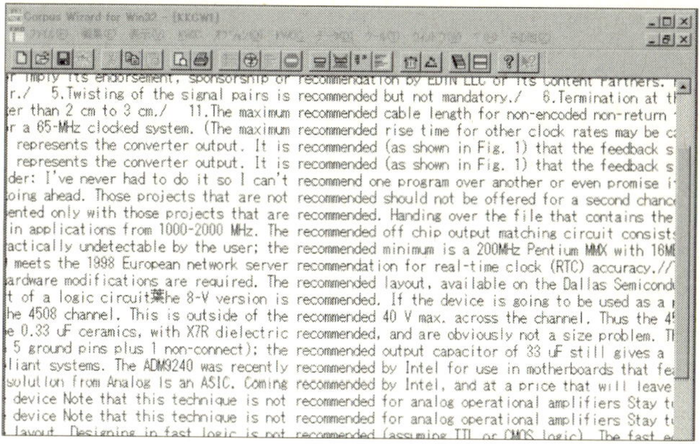

英文をチェック

このcorpusとconcordancing program を使うと、問題としている表現が一般的に使われているか、ある単語と一緒に使われる形容詞や動詞は何か、などを調べられます。

たとえば、proposeという単語を英和辞書で引くと、proposeの後に続くthat節の中の文において「口語ではshouldを省略することが多い」となっています。では、文語ではshouldは省略されないのでしょうか？　このような疑問でも、corpusとconcordancing program を使うと、すぐに答えがわかります。

アメリカの雑誌Timeの記事をcorpusとして検索してみると、ほとんどの場合、proposeの後に続くthat節の中ではshouldが省略されることがわかります。

また、英和辞典や和英辞典で単語を調べても、一緒に使う修飾語や動詞が載っていないときなど、corpusで調べるとわかることがあります。

たとえば、relationshipという単語で検索すると、relationshipは次のような動詞と一緒に使われることがわかります。

have	keep
build up	spoil
maintain	ruin

corpusとconcordancing programの入手方法

concordancing programには大別して2種類あります。ひとつは、corpusが付随しているが、そのcorpusを変更したり追加したりできないタイプです。もう一方は、programのみで、corpusは自分で用意するタイプです。

前者のconcordancing programの代表例は、COBUILD English Collection on CD-ROMです。日本では桐原書店（http://www.kirihara.co.jp/uni/unif.html）が販売しています。インターネットを使って、Collins社（http://www.cobuild.collins.co.uk）から直輸入もできます。

COBUILD English Collection on CD-ROMは、用例数が260万もあるcorpusとシンプルなconcordancing programから成ります。corpusは変更したり追加したりできないので、「アメリカの堅い雑誌で、ここ1、2年に出版されたもの」のように、検索を限定することはできません。

後者の代表例は、TXTANA（http://www.biwa.ne.jp/~aka-san/）や、Corpus Wizard（http://www2d.biglobe.ne.jp/~htakashi/index.html）などです。これらは、concordancing programだけなので、corpusは自分で用意する必要があります。しかし、たとえば、自分が属する業界の雑誌のホームページをダウンロードしてcorpusとすれば、一般的なcorpusよりずっと使いやすいものになります。

オリジナルcorpusの作り方

インターネットの発達により、オリジナルcorpusが容易に作成できるようになりました。最も簡単でしかも有効なのは、自分が属する業界の雑誌のホームページから、過去の記事をダウンロードしてしまうことです。

たとえば、アメリカの雑誌Time（http://www.time.com/time/）は、過去5年間程度にわたる全記事を公開しています。これをすべてダウンロードすれば、簡単に巨大なcorpusを作成できます。

ホームページをダウンロードするには、専用のソフトウェア[*14]を利用します。いちいち、ページを表示して、手動でダウンロードしていたのでは、時間がいくらあっても足りません。専用のソフトウェアを利用すれば、リンクを自

---

*14 たとえば、GetHTMLW（http://hp.vector.co.jp/authors/VA014425/main.html）

動的に追って、まとめてダウンロードできます。一晩あれば、巨大なcorpusができあがります。

corpusにするには、テキストファイルでなければなりません。しかし、ダウンロードしたファイルは、html言語で書かれているうえ、1ページが1ファイルになっています。そこで、これを全部まとめて1ファイルにして*15、htmlからテキストを抜き出します*16。これもすべてソフトウェアでできます。

こうしてできた、テキストだけのファイルがcorpusです。concordancing programを使って検索すれば、あたかも優秀なネイティブの先生が助言してくれるかのように回答を得られるはずです。

*15 たとえば、ファイルの結合 for Windows95
(http://member.nifty.ne.jp/xenon/)
*16 たとえば、UnTag (http://www.and.or.jp/~metys/)

2. ワープロの文章校正機能を120%活用する

最近のワープロには、結構使える文章校正機能がついています。しかし、多くの人が宝の持ち腐れにしているようです。ここでは、Microsoft社のMS-WORD 2000を例*17に、ワープロに付随している文章校正機能を有効に使う方法について紹介しましょう。

スペルチェックで国ごとの違いを区別する

スペルチェックをするときに、どの国の英語に基づいてチェックするかを選択できます。したがって、相手の国の英語に応じた英文を作成できます。イギリス英語とアメリカ英語が混在してしまうという、ノンネイティブにありがちなミスも防げます。

MS-WORD 2000で選択できる国と地域は、以下の13ヵ所です。

UK	オーストラリア
US	カナダ
アイルランド	カリブ
ジャマイカ	フィリピン
ジンバブエ	ベリーズ
トリニダード	南アフリカ
ニュージーランド	

*17 市販のメジャーなワープロであれば、どの会社のどのワープロソフトでも同程度の機能を提供しているはずです

文章校正機能で誤りをチェックする

文章校正機能を使うと、ケアレスミスやライティング上の基本的なミスの防止に役立ちます。具体的には、次のような項目をチェックできます。

□ Comma required before last list item

A, B, and Cのような表記のとき、andの前にコンマを置くかどうかを選択して、違反を検出します。

□ Punctuation required with quotations

クォーテーション（"や'）で文が終わるとき、ピリオドをクォーテーションの中に置くか外に置くかを選択して、違反を検出します。

□ Spaces required between sentences

文と文の間にスペースを1つ置くか、2つ置くかを選択して、違反を検出します。昔は2つ置くのが習慣でしたが、現在は1つが一般的です。

□ Capitalization

固有名詞における大文字の使い方の間違いを検出します。

□ Commonly confused words

混同しやすい単語に対して注意を喚起します。

□ Hyphenated and split words

ハイフンで分割する必要がないのに分割している単語や、ハイフンで分割する必要のある単語を検出します。

□ Misused words

誤って使用している形容詞と副詞、比較級と最上級、接続詞、前置詞、および代名詞などを検出します。

□ Negation

二重否定を検出します。

□ Numbers

スペルアウトする必要のある数字と、スペルアウトする必要のない数字を検出します。

□ Passive sentences

受動態で書かれた文を検出します。

□ Possessives and plurals

所有格形と複数形の使い分けの誤りを検出します。

□ Punctuation

誤って使用している句読点を検出します。

□ Relative clauses

誤って使用している関係代名詞と句読点を検出します。

□ Sentence structure

途切れた文や長すぎる文、パラレリズムのミス、誤った構文の疑問文などを検出します。

□ Subject-verb agreement

主語とその動詞の不一致を検出します。

□ Verb and noun phrases

誤って使用している名詞句と動詞句、a と an、動詞の時制、自動詞と他動詞、可算名詞と不可算名詞などを検出します。

□ Cliché

陳腐な決まり文句として扱われている単語または語句を検出します。

□ Colloquialisms

口語体の単語または語句を含む文を検出します。

□ Contractions

スペルアウトする必要がある語句の短縮形を検出します。

□ Gender-specific words

性別を特定する差別語を検出します。

□ Jargon

技術、ビジネス、工業分野の専門語を検出します。

□ Sentence length

60 単語を超える文章を検出します。

□ Sentences beginning with "And," "But," and "Hopefully"

And、But、Hopefully で始まる文を検出します。

□ Successive nouns

4 単語以上の連続した名詞を検出します。

□ Successive prepositional phrases, more than three

4 単語以上の連続した前置詞句からなる文字列を検出します。

□ Unclear phrasing

不明瞭な語句を検出します。

□ Use of first person

科学文書や技術文書では使用しないIまたはmeを検出します。

□ Wordiness

くどい関係節、冗長な副詞、多すぎる否定などを検出します。

□ Words in split infinitives, more than one

不定詞の間にある 2 単語以上の単語を検出します。

文章のスタイルを選択する

書こうとしている文章の堅苦しさの度合いに応じて、先に説明したチェック項目を自動選択してくれます。堅苦しさの度合いには、次の 5 種類が用意されています。

· casual	友人に書くような、くだけた文章
· standard	標準的な文章
· formal	ビジネスレターのように堅い文章
· technical	科学技術論文のように堅い文章
· custom	ユーザーの設定による

3. 電子辞書を120%活用する

電子辞書がかなり普及してきました。電子辞書をうまく使いこなすと、英文作成を大きく手助けしてくれます。

一般辞書の電子版

ハードコピーと同じ内容の辞書が、CD-ROM版で出版されるようになりました。CD-ROM版の辞書には、同じ内容のハードコピー版の辞書にない長所があります。ぜひそろえておきたいものです。

CD-ROM版の辞書は、次の点でハードコピー版の辞書より使いやすくできています。

・引くのが速い

・スペルが曖昧でも引ける

・発音してくれる

一般辞書のCD-ROM版は、一般の書店やインターネット通販で入手できます。ハードコピー版に比べて、高価になっているのが一般的です。

電子版のみの辞書

電子辞書の中には、ハードコピー版を電子化したものではなく、もとから電子版を前提に開発されたものがあります。電子版のみの場合、ハードコピー版を電子化したものに比べて、さらなる長所があります。

・随時改版できるので、最新の単語が載っている

・掲載語数が、事実上無制限

たとえば、netiquetteやsmiley、cyberspaceといったインターネット関連の用語や、physically challengedのような新造語も、電子版のみの辞書なら掲載されています。

掲載語数も、ハードコピー版は辞書の重さや厚みで制限を受けますが、電子版のみの辞書なら制限はありません。100万語近い見出し語を持つ辞書もあります。もちろん、電子版のみの辞書でも掲載語数を増やすとファイルが大きくなるという問題がありますが、技術の進歩のほうが速く、ファイルが大きくなることは、事実上問題となりません。

電子版のみの辞書は、主にインターネットから入手できます。一般書店からは入手できないものも多くあります。無料のものも有料のものもありますが、有料でも2000円程度とお手頃です。

英辞郎　http://member.nifty.ne.jp/eijiro
バビロン　http://www.babylon.com

用例集の電子版

用例集もCD-ROM版で出版されるようになりました。ハードコピー版では、探している用例が辞書に掲載されているのかが、なかなかわからず苦労しました。しかし、CD-ROM版なら大幅に手間を省けます。用例集のCD-ROM版は、一般の書店やインターネット通販で入手できます。

補足資料：TEP Test

TEP Test*[18]は、科学・工業に関する英語のコミュニケーション技術を、正しく評価するための試験です。ミシガン大学と早稲田大学が問題の作成や採点、運営方法などを責任を持って管理するという国際的で権威ある検定試験です。

TEP Testには1～4級があり、1級はsummarizing、editing、compositionで構成されています。それぞれの合格点は、50点、65点、65点で、3科目とも合格しなければなりません。1級テストで最もすぐれているのがcompositionです。次*[19]に示すようなシナリオベースの問題を使って、生データからレターなどの文章を作成する能力を評価されます。

このような、生データから文章を起こすという実務に合った方法によってのみ、実務のライティング能力が測れるのです。

Instructions:
You have been appointed the Chairperson of a newly formed "Compliance Review and Auditing Group" (CRAG) within a chemical company. Your

*18 詳細は、日本テクニカルコミュニケーション協会（03-3406-3733）まで

*19 日本テクニカルコミュニケーション協会,『テクニカルコミュニケーション TEP Test《問題・解答例》特集号』, 1995

company is the Coalville City Plant of the Arkansas Refinery Corporation. (Address: P.O. Box 522, Coalville, Arkansas 33521.)

Your committee, which has not yet met, is to consist of representatives of all of the major departments at the Coalville Plant. Your first task as Chairperson of the committee is to write a memorandum to the members of the committee, presenting them with the committee's charge in advance of its first meeting and welcoming them to service on the committee.

You have discussed these matters in a brief meeting with the two people to whom you are to report–Ann Martin, Environmental Manager, and Harold Key, Facilities Manager. Your handwritten notes of instructions given you at that meeting are as follows (here the notes are typed for the convenience of the TEP Test candidates) :

· committee will represent all departments but will answer only to Martin and Key.
· 1st task: review haz. waste disposal procedures for handling wastes currently generated here
· later responsibilities may extend to evaluation of any policy, practice, or procedure which is related to

regulated matters.

- reputation of corporation as a good citizen clearly essential
- must issue regularly scheduled status report to all departments but also may issue ENR's (Emergency Notices Reports to specific departments) if faulty practices or policies are uncovered - or if new regulations issued.
- minimize current costs and future liabilities by insuring proper waste management.
- poor waste mgmt. can result in increased cost and being required to pay for clean up of improperly managed sites.
- maintain on-going evaluation of the policies and practices
- assure our practice is technically sound, good business, and in compliance with all fed. and state regulations applicable
- evaluate such factors as waste type, classification under the federal government's"Resource Conservation and Recovery Act"(RCRA classification), waste quantity, proximity to disposal sites, waste treatment and control alternatives, etc.
- must coordinate with Corporate Attorney's office before any ENR's but check also before status reports
- representation by all depts. is essential at all

meetings; if members must be absent, alternates must be sent. No exceptions.

· evaluate current services of a waste disposal contractor, WISC (Webster Industrial Services Corporation)
· ENR's require prior approval of Martin and Key before distribution but status repts. are for routine release
· serious risk of fines and penalties if there is release of contaminants to environment.
· 1st mtg. should be early December

Using whatever of the above information you wish and adding any details you need, write your welcoming memorandum to the committee.

【対訳】

問題：

あなたは、ある化学会社の中に新しく組織された適格審査グループ（CRAG）の議長に任命されました。あなたが勤めているのは、Arkansas 精製会社の Coalville City事業所（住所：P.O. Box 522, Coalville, Arkansas 33521）です。

委員会は、まだ一度も招集されていませんが、Coalville事業所の全主要部門の代表者から構成されることになっています。委員会の議長として、最初にしなければならないのは、第1回の会議に先だって、委員会のメンバーに宛てて、委員会の責任を通知し、委員会への尽力を歓迎する社内文書を書くことです。

あなたはすでに、この件について2人の上司（Ann Martin：環境管理者、Harold Key：設備管理者）と簡単な打ち合わせを持ちました。その打ち合わせにおける上司の指示を書いたメモは次のとおりです。（ここでは、TEP Test受験者の便宜上タイプしてあります）

・委員会はすべての部門を代表するものだが、代表責任者はMartinとKeyとする

・最初の仕事：本事業所内で生じる廃棄物を取り扱うために、有害廃棄物を処理する手続きを見直す

・将来的に委員会の責任は、規制事項に関する方針、実行行為、手続きを評価することまで広がる可能性がある

・善良な市民という評判は、会社にとって重要である

・定期的な進捗報告を全部門宛に出さなければならないが、もし誤った行為や方針が発覚したり、新しい規制が制定されたりした場合は、ENR's（特定部門に対する緊急通知書）を提出することもある

・適切な廃棄管理を保証することで、現在のコストと、将来の不利益を最低限に抑える

・廃棄管理を怠れば、結局、コストを押し上げ、不適切に管理された現場をきれいにするための費用を支出しなければならなくなる

・すでに進んでいる実行行為や方針に関する評価は、そのまま続ける

・当社の活動が技術的に信頼でき、正しいビジネスで、適用すべきすべての連邦あるいは州の規制を順守していることを保証する

・評価する項目は、廃棄種類、連邦政府の「資源保全と再生活動」に基づく分類（RCRA分類）と廃棄量、廃棄場の近隣、廃棄処理、制御代替品などである

・ENR's発行前には、必ず会社の弁護士事務所と協調しなければならないが、同様に、進捗報告発行前にもチェックが必要である

・必ずすべての会議において、すべての部門からの代表が出席すること。もし委員が出席できないなら、代理人を必ず出席させること。例外は認めない

・廃棄物処理委託業者（WISC：Webster産業サービ

ス会社）の最近の仕事ぶりを評価する

- ENR'sは配付前にMartinとKeyの承認を必要とするが、進捗報告は定型業務として承認は不要

- 環境汚染物質を放出すれば、罰金や懲罰など重大なリスクを負う

- 第1回会議は12月初旬が望ましい

上記の情報を使って、また必要なら詳細データを自ら追加して、委員会のメンバーに歓迎の社内文書を書いてください。

おわりに

本書では、一貫してコミュニケーション技術の必要性と有効性について説明してきました。コミュニケーション技術を使えば、いかに効果的な文章が書けるか理解していただけたと思います。

しかし、残念ながら日本では、コミュニケーション技術を専門的に学べる教育機関がありません。したがって、その専門家もほとんどいません。コミュニケーション技術の理論も、アメリカに比べると大幅に遅れているのが現状です。

さらに、自分の専門を生かすための補助技術としてですら、コミュニケーション技術を学べる機会がほとんどありません。一部の大学において、コミュニケーション技術の専門家でない一部の有志によって、細々と教えられているにすぎません。多くの大学が論文の提出を求めておきながら、論文の書き方すらまともに指導していないのが現状なのです。

グローバルな活動を希望するなら、グローバルスタンダードなコミュニケーション技術が必要です。コミュニケーション技術は、ライティングはもちろん、プレゼンテーションやディスカッション、スピーチなど、多くの重要な場面で応用できるのです。

グローバルスタンダードなコミュニケーション技術を知らずに、世界の荒波を渡っていこうというのは無謀に近いことです。あたかも、無線機なしで船を大海に出すようなものです。手旗だけのコミュニケーションでは限界があります。

日本の教育界やビジネス界が、コミュニケーション技術に対する認識を改め、コミュニケーション技術を学び、習得できる場がもっと提供されることを期待しています。

倉島　保美
kurapy@mvb.biglobe.ne.jp
http://www2u.biglobe.ne.jp/~kurapy/writing.html

参考図書

篠田義明,『コミュニケーション技術』, 中公新書, 1986
篠田義明,『これだけは知っておきたい 技術英語の常識』, ジャパンタイムズ, 1988
篠田義明,『社会で役立つ英語習得のテクニック』, 研究社出版, 1994
倉島保美,『書く技術・伝える技術』, あさ出版, 1999
日本テクニカルコミュニケーション協会,『テクニカルコミュニケーション TEP Test《問題・解答例》特集号』, 1995
ポール・ビソネット,『英文ビジネスライティング完全マニュアル』, アルク, 1998
海保博之,『こうすればわかりやすい表現になる』, 福村出版, 1988
大西泰斗/ポール・マクベイ,『ネイティブスピーカーの前置詞』, 研究社出版, 1996
杉原厚吉,『理科系のための英文作法』, 中公新書, 1994
鷹家秀史/須賀廣,『実践コーパス言語学』, 桐原ユニ, 1998
高崎栄一郎,『英語ビジネス文書とっておきの書き方と文例』, 創育, 1999
小西友七,『ジーニアス英和辞典　改訂版』, 大修館書店, 1994
江川泰一郎,『英文法解説』, 金子書房, 1991（絶版）
J.C.Mathes & Dwight W.Stevenson, *DESIGNING TECHNICAL REPORTS*, Macmillan Publishing, 1991
Arkady Leokum, *The Big Book of Tell Me Why*,

Marboro Books Corp, 1989

Henson and Means, *English Communication for Colleges*, 2nd edition, South Western Educational Publishing, 1997

Merriam-Webster Inc., *Webster's New Business Writers Guide*, SMITHMARK Publishers, 1988

参考ウェブサイト

David A. McMurrey, Online Technical Writing: Online Textbook-Contents

http://www.io.com/~hcexres/tcm1603/acchtml/acctoc.html

Purdue University Writing Lab, Online Writing Lab

http://owl.english.purdue.edu/index.htm

Department of English, The University of Victoria, Hypertext Writer's Guide

http://www.clearcf.uvic.ca/writersguide/welcome.html

Roane State Community College, The RSCC Online Writing Lab

http://www2.rscc.cc.tn.us/~jordan_jj/OWL/owl.html

Rensselaer Polytechnic Institute, The Rensselaer Writing Center Handouts

http://www.rpi.edu/dept/llc/writecenter/web/handouts.html

注）本文ならびにここで紹介したウェブサイトのURLは、2000年10月時点のものです。URLが変更になり、アクセスできない場合もあるので、ご注意ください。

さくいん

N.D.C.836.5　254p　18cm

ブルーバックス　B-1311

理系のための英語ライティング上達法
情報を正しく効果的に伝える技術

2000年11月20日　第1刷発行
2001年 1月10日　第2刷発行

著者　倉島保美
発行者　野間佐和子
発行所　株式会社講談社
〒112-8001 東京都文京区音羽2-12-21
電話　出版部　03-5395-3524
販売部　03-5395-3626
製作部　03-5395-3615
印刷所　(本文印刷) 豊国印刷株式会社
(カバー表紙印刷) 双美印刷株式会社
本文データ制作　講談社プリプレス制作部 (C)
製本所　有限会社中澤製本所

ISBN4-06-257311-3(科)

発刊のことば

科学をあなたのポケットに

二十世紀最大の特色は、それが科学時代であるということです。科学は日に日に進歩を続け、止まるところを知りません。ひと昔前の夢物語もどんどん現実化しており、今やわれわれの生活のすべてが、科学によってゆり動かされているといっても過言ではないでしょう。

そのような背景を考えれば、学者や学生はもちろん、産業人も、セールスマンも、ジャーナリストも、家庭の主婦も、みんなが科学を知らなければ、時代の流れに逆らうことになるでしょう。

ブルーバックス発刊の意義と必然性はそこにあります。このシリーズは、読む人に科学的に物を考える習慣と、科学的に物を見る目を養っていただくことを最大の目標にしています。そのためには、単に原理や法則の解説に終始するのではなくて、政治や経済など、社会科学や人文科学にも関連させて、広い視野から問題を追究していきます。科学はむずかしいという先入観を改める表現と構成、それも類書にないブルーバックスの特色であると信じます。